若桜鉄道株式会社
代表取締役社長
山田和昭

希望のレール

若《わか》桜《さ》鉄道の「地域活性化装置」への挑戦

祥伝社

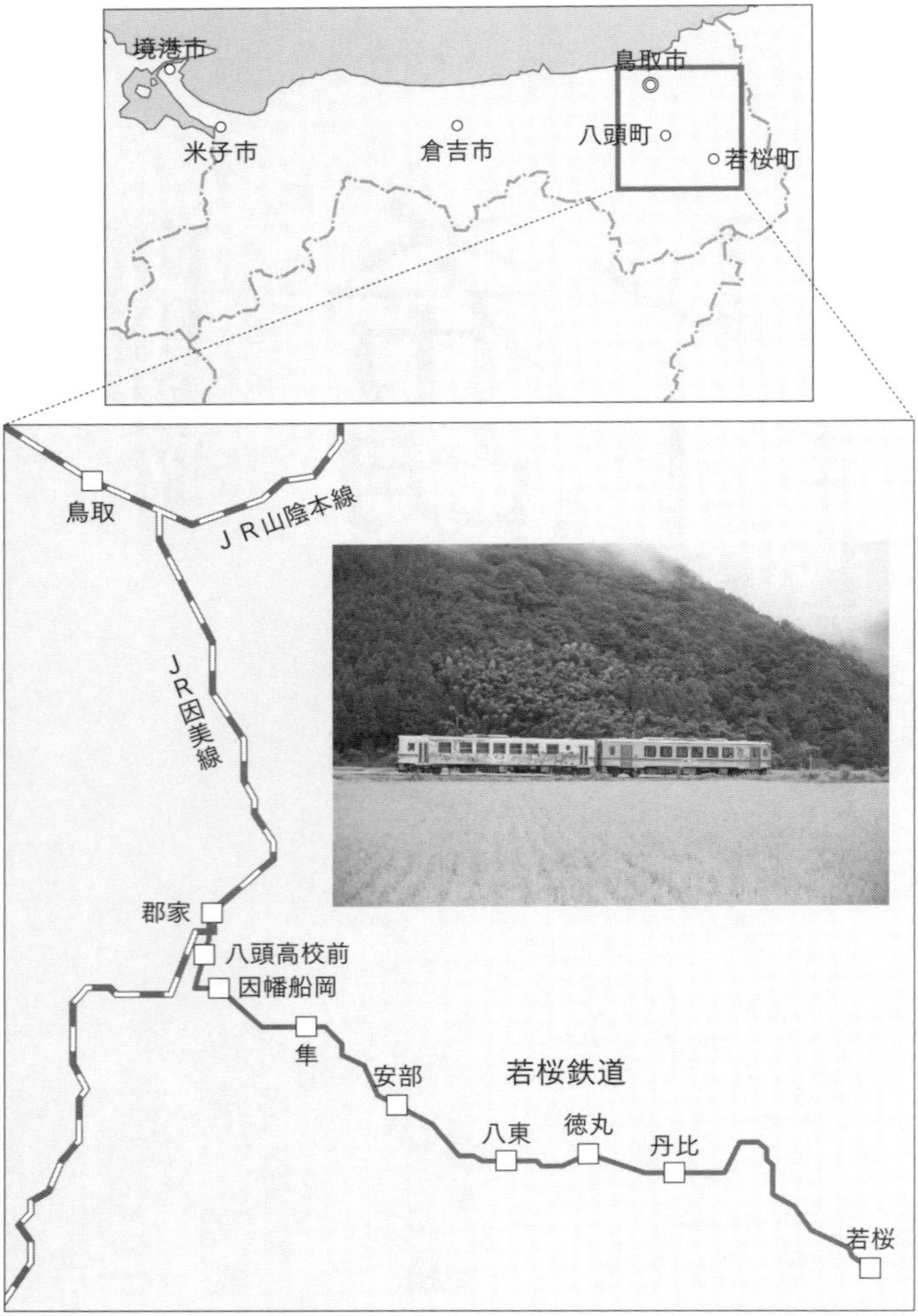
境港市
鳥取市
米子市
倉吉市
八頭町
若桜町
鳥取
ＪＲ山陰本線
ＪＲ因美線
郡家
八頭高校前
因幡船岡
隼
安部
若桜鉄道
八東
徳丸
丹比
若桜

はじめに――ようこそ！　山間《やまあい》を走るローカル鉄道へ

若桜《わかさ》鉄道にご乗車ありがとうございます。列車が走るのは鳥取《とっとり》県東部、ＪＲ因美《いんび》線の郡家《こおげ》駅から若桜駅までの19・２㎞です。郡家駅のある八頭《やず》町と、兵庫県や岡山県に隣接する若桜町を30分ほどで結んでいます。路線は非電化単線です。

沿線には一級河川の八東《はっとう》川が流れ、そのため列車は大小の橋梁《きょうりょう》を何度も渡ることになります。この八東川の流れが切り開いた地一帯を若桜谷《わかさだに》と呼びます。車窓からは川のせせらぎとともに、半世紀前と変わらぬ田園風景が望《のぞ》め、古きよき日本の山里を再確認させてくれることでしょう。山懐《やまふところ》に抱かれ、豊かな水と緑が溢《あふ》れるなか、一条の轍《わだち》の上を気動車が軽やかに進んでゆきます。

１日に10往復の運行ですが、そのうち7往復は鳥取駅に乗り入れています。ですから若桜鉄道は、地域の足として若桜谷と県庁所在地を直結する役割も果たしているわけです。ちなみに若桜‐鳥取間の所要は、郡家での停車時間にもよりますが、50分から1時間です。こうして年間、33万人のお客様にご利用いただいています。

若桜鉄道の歴史は古く、起源は85年以上も前に遡《さかのぼ》ります。昭和5年(1930)12月1日、郡家－若桜間が全線開通しました。当時の呼称は鉄道省若桜線です。そして戦後、昭和24年(1949)に日本国有鉄道が発足すると、国鉄若桜線となりました。

しかし、ご承知のように国鉄は時代の波に洗われ、累積《るいせき》した赤字を解消するための改革を迫られるようになります。その状況下、赤字ローカル線の若桜線は第1次廃止対象特定地方交通線に指定されてしまいました。それでも存続の道を探った結果、昭和61年(1986)10月に第3セクター方式鉄道に転換することが決定します。国鉄の分割・民営化で一時、JR西日本の承継を経《へ》ますが、翌昭和62年(1987)8月6日に若桜鉄道株式会社が設立登記されました。営業運転の開始は10月14日の鉄道記念日です。こうして現在の若桜鉄道が誕生したのです。

第3セクターとは、簡単に申し上げると「国や地方自治体と民間企業が共同出資して設立する法人」のことです。若桜鉄道の場合は若桜町、八頭町、鳥取県、鳥取市、その他金融機関や商工会や地元企業など——という株主構成になっています。

私は平成26年（２０１４）９月、この若桜鉄道の社長に就任しました。社長を公募していることを知り、応募したのです。私は地元の人間ではありませんし、それまではＩＴ業界に身を置いていました。そのうえ家族を東京に残しての単身赴任です。鉄道会社の社長としては、変わり種と言っていいかもしれません。

私を突き動かしたのは「鉄道を通じて地域に貢献したい」という思いです。とはいえ地方鉄道の経営を取り巻く環境は厳しく、私もその現実に直面してきました。当たり前ですが、第３セクターに転換したからといって、国鉄時代の赤字ローカル線が劇的に黒字化するわけではないのです。公募社長としての私に託された課題は、言うまでもなく経営の建て直しでした。

ところが沿線は少子高齢化と過疎化が進み、大きな観光地に恵まれているわけでもありません。これでは若桜鉄道の建て直し以前に、鉄道はおろか地域社会が消えてしまいかねない——そんな危機感に慄然《りつぜん》としました。しかし、そこにはまだ希望が残されていたのです。

その希望の光は、地域住民の皆さんと私たち若桜鉄道が一体となり、創意工夫と行動を積み重ねることで灯《とも》され、輝きを増してゆきました。19・2㎞のレールは、人だけではなく希望を乗せて走るのです。

「地方創生」が唱えられて久しい今、鉄道が地域のために何ができるのかを考えることは重い意味を持つと私は考えます。保有する車両は4両、社員18人の小さな鉄道会社ですが、若桜鉄道の取り組みをご紹介することで、地方の活性化というテーマに少しでも寄与することができればうれしく思います。

おや、車内に発車を知らせるメロディが流れてきましたね。これは鉄道ファンで有名なミュージシャンの向谷《むかいや》実《みのる》さんに作曲していただいたものです。それでは出発進行とまいりましょう。

若桜鉄道株式会社　代表取締役社長
山田《やまだ》和昭《かずあき》

希望のレール——目次

若桜駅

1　そしてSLは走った　13

地域を挙げての「社会実験」は、なぜ成功したのか

2　好きなことを仕事にする　63

〝鉄ちゃん社長〟の誕生

3 地方だから、できること　99

「地域活性化装置」を目指して

4　希望のレール　149

人をつなぐ、地域をつなぐ、時代をつなぐ

写真提供／若桜鉄道（特記以外）
カバーデザイン／中野岳人

1

そしてＳＬは走った

――地域を挙げての「社会実験」は、なぜ成功したのか

〝里帰り〟したＳＬ

若桜駅の構内に、１両のＳＬが佇《たたず》んでいます。ご存じのとおり、ＳＬとは蒸気機関車のことで、英語の《Steam Locomotive》の頭文字をとったものですね。隣にいる赤い機関車はＤＬ、ディーゼル機関車です。

このＳＬはナンバープレートに「Ｃ12　１６７」とあるように、Ｃ12という形式の１６７号機。昭和13年（１９３８）に製造され、かつて国鉄時代の若桜線を走ったことがある車両です。ただ、国鉄若桜線では昭和45年（１９７０）３月にＳＬの運行が廃止されたため、全国どこでもそうなのですが、御用済みとなったＳＬは他の線区に移されるか、廃車となって解体されるか、公園などに保存されるかといった運命を辿《たど》ることになります。

１６７号機は運よく解体を免《まぬが》れ、兵庫県多可《たか》町の役場近くに昭和49年（１９７４）から展示保存されていました。それが若桜駅に〝里帰り〟し、動くように復元され、ＳＬ運行廃止から45年後の平成27年（２０１５）４月11日には、３両の客車とともに

若桜駅構内のＳＬ（手前）とＤＬ。2015年４月の「ＳＬ走行社会実験」で活躍した

若桜鉄道の若桜－八東《はっとう》間を1往復します。別項でご紹介しますが、若桜鉄道はこの日の走行を「SL走行社会実験」と位置づけました。

沿線には大勢の地域住民や観光客、鉄道ファンの方々がお越しになり、その模様はマスメディアにも大きく取り上げられましたので、ご記憶の方もいらっしゃると思います。しかし、もちろん「社会実験」に至るまでの道のりは山あり谷あり、決して平坦ではありませんでした。どのような物語があったのでしょうか。それは私が社長に着任する、はるか以前に始まります。

鉄道遺産が「物語」の幕を開ける

若桜駅で大人1名300円の「入構券」をお求めいただくと、石積みのプラットホームからスロープを降りて、若桜駅構内を見学することができます。ここには文化財保護法に基づいた登録有形文化財がたくさん残されていますから、一見の価値ありですよ。

登録有形文化財は、その持ち主が文化庁に申請して基準をクリアすることで登録されます。建造物と美術工芸品の分野に分かれますが、もちろん若桜駅の登録有形文化財は建造物です。「建設から50年以上が経過」したもので、「歴史的景観に寄与」し、「造型の規範」となり、「再現が容易でない」ことが基準となっているようです。では、若桜駅構内の登録有形文化財をご案内しましょう。

①駅本屋《ほんおく》およびプラットホーム（本屋とは駅長室のある建物。いわゆる駅舎）
②物置および灯室（信号灯の保管と信号梃子《てこ》の設置など、構内の信号を制御）
③旧西転轍手箱番所《てんてつしゅはこばんしょ》（ポイント切換を人力で行なっていた時代、係員が待機）
④旧東転轍手箱番所（西転轍手箱番所と同じく係員の待機場所）
⑤諸車庫（保線用の車両などを収納する車庫）
⑥機関車転車台（主にＳＬの方向転換に使用。人力で回転させる）
⑦給水塔（ＳＬに必要な水を入れるタンク。基礎は鉄筋コンクリート）
⑧流雪溝（積雪防止のため、除雪した雪を流す水路。総延長２７８ｍ）

以上、８つの施設が、昭和５年の開業当初のまま残されました。さらに若桜鉄道では若桜駅構内以外に、安部《あべ》駅本屋や第一八東川橋梁、若桜−丹比《たんぴ》間の雪覆《ゆきおおい》など15の建造物が有形文化財に登録されています。合計23施設。これらは登録有形文化財と銘《めい》打《う》つよりも「鉄道遺産」と言うほうが馴染《なじ》みやすいかもしれません。

さて、ＳＬの〝里帰り走行物語〟でしたね。その主役は、どうしてもＳＬになると思いますが、主役が登場する前に物語の幕を開ける重要な脇役が、前述した⑥の転車台です。準主役にしてあげてもいいくらいです。

鉄道輸送でＳＬが、それこそ動力の〝主役〟だった時代、転車台は日本中の大きな駅や終点となる駅、機関区と呼ばれる車両基地などに設置されていました。ＳＬは運転席が前方を向いているため、基本的に逆向き運転に不向きなのです。自動車でもバックで長距離を走るのは大変というか危険でしょう。

したがって進行方向に応じて、つねにＳＬが前方を向くようにしなければなりません。そこで転車台の出番となります。ＳＬが転車台の上に移動すると、人力もしくは電力で回転させ、しかるべき場所で止めます。１８０度の回転なら、ＳＬをそれまで

1930年の開業当初から残る転車台(上)と給水塔。ともに登録有形文化財

の向きとまったく反対に転換できるわけです。

しかし、ＳＬの営業運転が廃止されて以降、転車台は無用の長物と化してしまい、一部の例外を除いて役目を終えました。若桜駅構内の転車台も放置されたまま、やがて土に埋もれ、草木に覆われるような状態となったのです。

人と組織を動かし、お金も集める

この転車台を土の中から掘り返してみよう、という動きが持ち上がりました。参加した地域の方々や若桜鉄道のベテラン社員、地元紙の報道などによると、それは平成13年（２００１）ごろからのことのようです。このとき、若桜鉄道にＳＬはありません。

土を取り除き、枕木を換えるといった地道な作業が続きました。並行して、すぐそばにある給水塔のペンキ塗り替えなども行なわれたとのことです。いわば地元の有志たちが、朽《く》ち果《は》てた鉄道遺産の修復に立ち上がったのです。「転車台が物語の幕を開ける」と表現したのは、こうした経緯によります。

実際に転車台を掘り出し、きれいにしてみたところ、自然と声が出ました。

「ずいぶん立派で、いいものだな。転車台といえば似合うのはＳＬ。ここにＳＬ、欲しいな」

――物語の第二幕が開きます。

日本のどこかに保存されているＳＬを、ここ若桜駅に持ってこよう。そしてＳＬは動かなければ意味がないから、運転できるようにしよう。ＳＬ運転への機運が盛り上がりました。

有志たちは手を尽くしてＳＬを探しました。白羽《しらは》の矢が立ったのが、本章の初めにご紹介した兵庫県多可町の「Ｃ12　１６７」なのです。これを譲ってもらえないだろうか。

しかし、個人間の譲渡とは事情が違いますから、「それ、ください」「はい、いいですよ」と、ことが容易に運ぶわけにはいきません。ＳＬは多可町がＪＲ西日本から借り受けていたもので、地元住民にも親しまれていました。それを譲渡してもらうには多可町とJR西日本、両者の承諾が必要です。それに若桜駅に移設するための輸送費もかかります。こうした問題を、どう乗り越えるか。

まず、輸送費は募金で賄《まかな》うことにしました。そして有志たちは、若桜町をはじめとする自治体に働きかけました。その結果、約2000人から計600万円の募金が集まり、若桜町は多可町に対してSL移設に関する要望書を提示するに至ります。若桜谷という地域に根ざす有志たちの熱意と行動が、人を動かし、組織を動かし、お金を集め、町をも動かしたのです。多可町は地元説明会を開いたうえで譲渡を了承し、JR西日本とのSL貸借契約も解除されました。

こうして平成19年（2007）8月8日、SLは若桜駅に〝里帰り〟を果たします。次の課題は、このSLをレストア（修復）して、動かせるようにすることです。

当初、SLを受け入れる側の若桜鉄道には、「SLなんて、お金がかかってどうにもならない」という声も一部にはあったようです。それはある意味、そのとおりで、SLを現役走行時代のように復元するには、工場に入れて分解・修繕《しゅうぜん》するため、およそ2億円の費用がかかります。現在、山口《やまぐち》線や上越《じょうえつ》線、磐越西《ばんえつさい》線などJR各社で

SLの復元運転が行なわれていますが、それはJRという大企業だから可能なのであって、わが若桜鉄道のような小さな会社では、とても億単位の資金は捻出《ねんしゅつ》できません。

ところが、鉄道会社で働く者の本能というか勘なのでしょうか、当時の専務が、それほどお金をかけずにSLを復元できる方法を知り、ある社員に「これならできるかもしれないから、君がやってみろ。いや、やりなさい」と命令を下しました。

お金をかけない復元とは、SLを「蒸気」ではなく「空気」で走らせる方法です。

空気？　SLが空気で動くのか、と疑問を持たれても無理はありませんね。蒸気機関車は読んで字のごとく、蒸気の圧力を動力源として動くのですから。石炭の火力でボイラーの水を沸騰《ふっとう》させ、発生した高温高圧の蒸気をシリンダーに送り込み、ピストンの往復運動を動輪の回転運動に変換……と、教科書的な説明で味も素《そ》っ気《け》もありませんが、要するに産業革命をもたらした蒸気機関（Steam Engine）のメカニズムで走るのがSLです。それだけに、SLの完全復元には莫大《ばくだい》な費用がかかるわけです。100個以上の部品がありますし、ボイラーの検査にも数千万円が必要とされています。

「おい君、あのSLを動かせ！」――いきなり命令が下された

その点、蒸気ではなく空気圧で駆動させる方法なら、ボイラーではなく空気タンクとして扱えますし、ローコストで済みます。もっとも、蒸気機関の馬力とは格段の差があって、速度も牽引できる重量も見劣りするのですが、それでもSLという金属製の巨大な車体が実際に動く迫力に変わりはありません。

原理的には、工事現場で使う削岩機《さくがん》と同じと考えていただいていいでしょう。削岩機のドリルはエア・コンプレッサーから来る圧縮空気で駆動します。このコンプレッサーを、本来は石炭と水を積むSLの後部に搭載し、高圧の空気を蒸気の代わりに動力源とするのです。実際にこの方法でD51形式のSL（D51　561号機）を動かすことに成功した人がいるのを知って、「これなら若桜鉄道でもできるかもしれない」ということになった次第です。

圧縮空気方式でD51を走らせたのは、恒松孝仁《つねまつたかひと》さん。元国鉄の機関士で、現役時代

のSLに乗務していた方です。恒松さんは群馬県川場《かわば》村に保存されていたD51を、独力で空気駆動に復元・改造しました。さすがSLを知り尽くした元機関士です。平成19年2月22日、D51の「再生記念走行」が川場村で行なわれました。ちなみに川場村のD51は、「ホテルSL」（現・ホテル田園プラザ）として、3両の寝台車を連結した宿泊施設でした。その後、寝台車は撤去され、代わりに大浴場を備えた宿泊棟が落成して、その目の前をD51が走るようになっています。

現在は「鉄道文化協議会　群馬支部」の責任者としてSLの運行を管理する恒松さんですが、復元に着手した当時から、日々の模様をブログで綴《つづ》っていらっしゃいます。そのブログを読んだのか、人づてに聞いたのか分かりませんが、ともかく川場村の空気駆動によるSL復元を知った当時の若桜鉄道専務が、前述したように「君がやりなさい」と社員に命じました。

その社員とは、今はもうベテランとなった谷口剛史《たにぐちたかし》運輸課長です。当時、気動車の運転士を務めていました。このときのやりとりを当人から聞いた私は、思わず倒れそうになったものです。というのも、「（SLの復元を）やりなさい」と言われたのが、若桜駅に多可町からのC12が到着し、クレーンで吊り上げられレールの上に設置される、まさにその瞬間だったというのですから。

「おい、ちょっと来い。（クレーンで吊られたSLを示しながら）あのSLを動かせるようにしろ。空気で動かした人がいる。SLの構造やなんかは、これをあげるから。これで勉強せえ」

と言って、専務から渡されたのが『図解　蒸気機関車』という本だったそうです。言われた当人にしてみれば、内心「何だそりゃ、映画やドラマじゃないんだ。そんなことできるわけないだろう」という気持ちだったようですが、いわば職務命令ですから、ひとまずやってみるしかありません。

「これなら走るよ」

ゼロからの勉強がスタートしました。すると、渡された本をめくり、恒松さんのブログを読み進めるうちに、彼は「これは面白い！」とSLの復元に熱中するようになったのです。日ごろは気動車を運転している谷口課長の、鉄道員としての魂《たましい》に火がついたのでしょう。

前述したように恒松さんのブログには、D51の汚れを除去することから始まって、部品の修理・交換、コンプレッサーの設置など、復元走行に成功するまでの作業が克明に記録されていました。それを読み倒し、日常の業務を終えた後、若桜駅のSL復元に挑んだのです。

30年以上も屋外に展示されていたSLですから、赤錆《あかさ》びて、あちこちに傷《いた》みが見られます。谷口課長は、そんな車体の下に潜《もぐ》り込んでは、一つひとつ錆を落とし、部品を磨くという作業を続けました。一度だけ、分からないことを聞くために川場村の恒松さんを訪ね、教えを乞《こ》うたということです。また、作業の初期段階で恒松さんに若桜駅までお越しいただき、チェックをお願いしました。

——そして2カ月。

コンプレッサーを積み、配管を整備して、もう大丈夫だろうという最終段階にまで到達します。

谷口課長がレストアしはじめたころにC12を点検した恒松さんは、こう言っていたそうです。

「ああ、この機関車なら走るよ」

その言葉どおり、SLは排気音を響かせながら、ゆっくりと動きだしたのです。


孤独な作業を続け、わずか2カ月でSLの復元に成功した谷口課長の胸中を思いやると、私も感動を覚えます。後日、恒松さんにお目にかかる機会があり、私はこのときのことを伺《うかが》ってみました。

「独学、独力で空気駆動に復元・改造できたわけですが、いかがですか」

恒松さんは驚きを隠さず、おっしゃいます。

「谷口さんは謙虚で、よく勉強していましたね。でもSLの復元というのは、私のブログを読んだからといって、おいそれとできるわけではありません。たしかに一度、私のところへ聞きに来たけれども、それも数日の滞在だから、かぎられた時間で教えきれるものではない。普通は何年もかけて覚えるのです。なのに彼は、私からコツだけ聞いて帰って、みごとにやってのけた。できるわけないだろうと思っていたら、やりやがった」

トロッコ列車が始まった

平成19年10月、息を吹き返した「C12　167」は、若桜駅構内での運転を開始しました。こうなると、次なる目標が生まれます。そうです、客車にお客様を乗せて若桜鉄道の本線を走らせることです。

――ここから物語は第三幕を迎えます。

駅構内の引込線を動くSLを、ただ見学するだけでは物足りないということからでしょう。トロッコ列車が発案されました。そのために長野電鉄にあった無蓋車《むがい》（屋根のない貨車のこと）1両を平成22年（2010）9月に譲り受けます。この貨車は大正15年（1926）製という年代もので、鉄道遺産の宝庫である若桜駅とSLによく似合います。もちろん、人が乗れるように整備しました。

例の転車台を使って、SLの前に貨車を連結し、お客様に乗っていただきます。そして引込線を1往復。最後はお客様にSLの汽笛を鳴らしていただくという約1時間のコースです。これが現在も行なっている「SLトロッコ乗車体験」（SL展示運転）です。

また、実際にSLを動かす「体験運転」も始めました。こちらは半日のプログラムで、お客様に研修を受けていただき、運転台で係員が指導しながら一人ずつSLを運転するというものです。事前に申し込んでいただかなくてはならないのですが、1日に10名ほどしかご案内できないので、抽選となる場合が多いですね。

トロッコ列車や体験運転を始めてみると、若桜駅に変化が現われました。それまで観光客など、ほとんど立ち寄りもしなかったのに、観光バスがやってくるようになったのです。皆さん、動くSLをご覧になって写真を撮ったり、実際に乗車されたりする。そんな様子に、地域の人たちも「どうしたんだ?」「何が起きた?」。そして次第に「ああ、SLって観光資源になるのか」と気づきはじめます。

SLを本線で走らせようという熱が、マグマのように高まっていきました。平成23年（2011）7月には、JR四国で廃車となった客車4両を搬入します。この青い車体の客車は「12系」という形式で、昭和44年（1969）に製造されました。その翌年に控えていた大阪万博の輸送対策用として誕生した、日本の高度成長を象徴する

(上)貨車１両を空気駆動のＳＬが動かすトロッコ列車。(下)ＳＬ復元の募金箱は今も若桜駅に設置されている

ような車両です。

　こうした動きの主体が、若桜町と八頭町それぞれの商工会や観光協会、沿線の各駅を守る会、若桜鉄道などから成る「若桜線ＳＬ運行委員会」でした。もちろんＳＬを本格的に走らせるには、お金が必要ですから、運行委員会は募金を呼びかけます。当時、ウェブサイトやフェイスブックから発信された《若桜線ＳＬ運行委員会からのお知らせ》には、次のようにあります。


若桜谷を元気にするため若桜線に観光列車を走らそう！（走らせよう！）

1．募金の趣意

　昭和の時代に若桜線で活躍していた蒸気機関車Ｃ12－１６７号機が、兵庫県多可郡多可町のご好意により平成19年８月８日若桜駅へ帰ってきました。現在Ｃ12－１６７号機は、駅構内で体験運転・展示走行・トロッコ車両牽引等を行い若桜谷観光の一翼を担《にな》っております。また平成23年７月３日ＪＲ四国より12系客車を導入し、更なる観光客誘致に取り組んでいます。

　現状の地域全体の閉塞感を打破するため「地域活性化・新しい産業の創出」等を

目的とした「5年後のSL観光列車運行実現」に向け、若桜鉄道沿線各種団体が結集して取組んで行く事となりました。しかしながら、車両の整備、線路の改良、検修設備の新設などSL観光列車運行事業には多くの費用を必要としますので、何卒、趣意をご理解の上ご賛同いただき、募金にご協力頂きますよう、よろしくお願いいたします。

2. 募金の用途

（1）若桜線に列車行き違い設備の新設
（2）車両の改修・検査費用
（3）SL機関車の検修庫新設
（4）SL機関車の復元費用
（5）ディーゼル機関車等購入費用
（6）広報費、事務費、通信費、旅費、消耗品、その他
参考　SL観光列車運行を実現するための必要資金　5億円

3．募金額

ＳＬ運行募金：一口　５千円

＊ＳＬ運行募金につきましてはこの金額には、こだわりません。

（以下略。原文のまま）

「募金の用途」の（５）に、ディーゼル機関車の購入が記されていますが、これは平成24年（２０１２）12月に実現しました。ＤＤ16という形式で、国鉄がローカル線用に開発した機関車です。昭和47年（１９７２）に製造され、東京都国立《くにたち》市の鉄道総合技術研究所で使用されていました。ディーゼル機関車は、ＳＬや客車を回送したりするときに能力を発揮します。

地域が一つにまとまらない

このように熱心な活動によって、募金が集まっていきました。ところが、なかなか目標額には届きません。運行委員会が想定した必要資金は、先の《お知らせ》にあるとおり5億円ですが、途方もない金額です。

まず、空気駆動では客車を牽引する馬力が不足しますから、SLを空気ではなく蒸気機関で動くように復元する。そのためのコストが、前にご説明したように2億円です。それに加え、線路を整備したり、車庫を造ったり、新たに人を養成しなければなりません。これらの費用を見る必要があるのです。そんなお金は、簡単には用意できません。

お金が集まらない。でもSLは走らせたい。運行委員会は問題を乗り越えようと苦闘します。しかし「問題」は資金面だけではありませんでした。

「そんなにお金をかけてどうする。SLを走らせたところで、こんな田舎《いなか》に誰も来ないだろう。観光で稼ぐと言ったって無理だよ」

世の中にありがちなことですが、一つの運動が始まると、反対勢力というか、訳知り顔で運動を批判する人たちが出てきます。これでは地域がまとまりません。谷口課長がＳＬを復元してから7年が過ぎていました。そんなことになっているなんて、まったく知らずに、私は若桜町という地にやって来たのです。

――物語は佳境に入ります。

これまでの物語で、主役のＳＬ、準主役の転車台、そして各種の車両や恒松孝仁さん、谷口運輸課長、若桜線ＳＬ運行委員会の人たちといった主要登場人物がそろいました。そうだ、ＳＬ運転に批判的な〝敵役《かたきやく》〟もいらっしゃいますね。

そんななか、私は若桜鉄道の社長公募に応募し、東京から単身で乗り込んだわけです。社長とはいっても、物語はすでに後半ですから、後出しジャンケンで目立っているようなものです。流れからすれば私は完全な脇役、チョイ役のはずでしょう。しかし社長として、しかるべき役割を果たさなければなりません。ただ、その私に与えられた役割は結果的に大変なものでした。

社長に就任するまでの経緯はあらためて述べますが、私は若桜鉄道に入った当初、

「SLを本線で走らせるというのは冒険もいいところで、とてもじゃないけれども、うまくいくわけはない」と思っていました。しかし、谷口課長をはじめ地域の人たちは「山田さん、SLを走らせてください！　私たちの夢なんだから」と口々におっしゃるし、その気持ちも理解できるし、観光資源がない場所に人とお金を呼び込むなら、SLが決定打になることは明白です。

う～ん、どうしたものか。

膠着《こうちゃく》状況です。でも実は、こうしたなかで谷口課長は、ひそかにある方法を考えていました。その方法とは「線路閉鎖」というものです。追って説明しますが、若桜駅で構内運転をするSLは自動車で言う「車検切れ」の状態で、営業路線を走らせることができない。しかし「線路閉鎖」で通常の列車の運行を止めてしまえば、車検切れの車両を走らせても問題はない、というわけです。

そのかわり、お客様を乗せることができません。無人の客車は見世物になるけれど、それでもSLが走れば沿線に人は来るはずだから、その光景を見た地域の人たちの意識が変わるかもしれない――それが谷口課長の思いでした。

突然、県議会で……

線路閉鎖なら、やれるかもしれないね。谷口課長からこの方法を知らされたとき、私のなかに希望が芽生えました。

たしかに鉄道事業法で、検査を受けていない車両は営業路線（本線）を走らせることができません。しかし一時的に営業を止めて〝本線ではなくなった線路〟の上を移動するならクリアできます。空気駆動のＣ12に客車を連結して、それをディーゼル機関車の動力で動かせば、立派なＳＬ列車になります。

ただし鉄道会社の新米社長ホヤホヤである私は、ただ夢を見ているわけにはいきませんし、何より「経営の建て直し」という課せられた使命があります。収益を上げるための事業戦略を練り、実行に移して、少しでも会社の黒字化を図るのが社長の仕事なのですから。

第一、線路閉鎖でＳＬを走らせるとなれば、その予算も、各方面への事前の根回しも必要です。そうこうしているうちに、３カ月の時間が過ぎていきました。

すると突然、私は足元をすくわれるような事態に直面します。「線路閉鎖でSLが走る」ことを、どこからか聞きつけた県会議員がいらっしゃいました。そしてその議員さんは、県議会で平井伸治《ひらいしんじ》鳥取県知事に質問したのです。

「(本会議で若桜鉄道の観光機能の強化を提案してきた自分としては) いよいよ夢を形にする第一弾として、1日だけSLを走らせてみたい。若桜鉄道の全線の線路を閉鎖して、若桜駅から八東駅の間でC12型蒸気機関車、12系客車、DD16型ディーゼル機関車を編成し、時速15キロ以下のゆっくりした速度でディーゼル機関車によって走行させる計画です。県東部の広域観光の目玉として、ぜひともこの計画を県として応援していただきたい。平井知事の所見をお伺いいたします」

若桜鉄道というか鉄道全般に詳しいご様子が見て取れますが、この質問に対し、平井知事は次のように答弁しました。

「県も若桜鉄道利用促進実行委員会に名を連ねているので、その立場でこのプロジェクトを応援したい。(中略) SLを走らせることが全国の注目を集めるきっかけになれば、一つの起爆剤になるのではないかなと思います。起爆剤としてそういうコンプレッサーを使った蒸気機関車の運行に我々も協力していきたいと思います」

これは平成26年12月4日の鳥取県議会でのことです。議事録から抜粋しました。この時点で線路閉鎖方式でのＳＬ運行計画が議会レベルにまで達していたことが分かります。ええっ、何で？

即刻、新聞やテレビがこのニュースを報道します。「若桜鉄道がＳＬ運行」「沿線の振興を探る」「県も支援の考え」……記事を見て、私は思いました。

――やばい！

「実験」してみよう

「やばい」というのは、地方運輸局に詳しく話をしていなかったからです。実は後ほどお話ししますが、私は若桜鉄道社長として、ＳＬ走行の覚悟を決めつつありました。でもまさか、それが県議会で取り上げられ、新聞にドカンと出るなんて思いもよりませんでした。

地方運輸局は国土交通省の部局の一つで、その中の鉄道部が鉄道事業の許認可や保安監査などを所管しています。第3セクターの若桜鉄道がSLを走らせるのなら、事前に説明をしておくべきお役所です。ところが私が運輸局の担当者に詳細を説明しないうちに、ニュースが流れてしまいました。担当者は上の人から「これはどういうことだ」と聞かれるに決まっています。そこで答えられないのでは顔を潰《つぶ》してしまいますから、私はあわてて電話をしました。

「今から車を飛ばして説明に行きます」

若桜鉄道を管轄するのは中国運輸局。広島市にあります。若桜町から4時間以上かかりますから、さすがに先方も「それはしなくてけっこうです」ということになり、私は「では年明けにでも、あらためて説明に上がります」と平身低頭して、新聞記事と会社としての説明文書をメールで送りました。

地域の人たちと話しているうちに、「SLを走らせてほしい」という矢のような催促をいただく一方で、前述したように「誰も来やしないだろう」「稼げないよ」「お金がかかって仕方がない」という否定的な声もあり、それが長年の議論になっていることとを知りました。当初は「SL走行なんて冒険だ」と思っていた私も、こうした後ろ向きの声に自分の考えが変わってゆきます。

——だったら、とにかく試《ため》しにやってみるしかないだろう。

「誰も来ない」と言うのなら、どのくらいの人が来るのか試さなければいけない。「稼げない」「お金がかかる」のなら、経費以上に稼げるか試さなければいけない。つまり「実験」です。過疎の町に鉄道が貢献できることがあるかもしれない。でももちろん、実際に「試しにやってみる」には、綿密な計画と周到な準備が求められます。また、やるからにはビジネスとして成功させなければなりません。何と何をどうすればいいのだろうか。ビジネスモデルをどう構築するか。大げさに言えば、私は水面下で可能性を探っていました。その矢先、県議会での議事からニュースが流れ、「実験」の計画が表面化してしまったわけです。

脇役・チョイ役だったはずの私は、このときからめまぐるしい日々を送ることになりました。「やれたらいいな」ではなく「やる」に変わったのです。運輸局をはじめ県や町などの行政機関、および地域の各企業・団体・個人へ、説明と協力依頼をして回《まわ》ります。それにビジネスモデルの構築もあります。

若桜谷から仰《あお》ぎ見る名山、氷《ひょう》ノ山《せん》が雪化粧するころのことでした。

ついに「社会実験」の正式発表へ

――物語の最終幕です。

年が明けて平成27年2月4日、若桜鉄道は「SL走行社会実験」を4月11日に実施することを正式発表しました。関係各所も含め、この日まで発表を控えたのには理由があります。早い段階で発表すると、会社に問い合わせの電話が殺到して業務に支障が出るからです。

若桜鉄道の本社は若桜駅にあるのですが、ご承知のように人手不足で、そこに電話がかかってくると、列車の信号扱いや出発合図ができなくなってしまいます。とくに

SLが走るとなると、マニアックな「撮《と》り鉄《てつ》」と呼ばれる方々が、根掘り葉掘りお尋ねになる。そのため、問い合わせに対応する体制が整うまで正式発表を待ったのです。

発表までの間、そして発表後も、あらゆる準備に奔走《ほんそう》したことは言うまでもありません。

SLを走らせると決めた目的の一つは、「誰も来ない、稼げない」と言う地域の人たちにインパクトを与えることです。SLが走ることでたくさんの人がやって来て、地域にたくさんお金を落とす。それを現実化してインパクトを与え、長年、議論になっていた「人が来ない、お金は稼げない」ということを払拭《ふっしょく》しなければ意味がありません。SLさえ走れば後は何とかなるだろうという考えではダメで、それで人が来なかったら最悪の結果です。

だから、やるからには成功させなければいけない。では、成功させるためにはどうすればいいか。私は非常に悩みました。

まず「線路閉鎖」で通常の列車の運行を止めること自体、利用される方にご不便を

「1日かぎりの社会実験」として、ついに若桜鉄道でのSL走行が発表された

おかけするわけですから、そこには誰もが納得できる意義が必要です。

先ほど「実験」という表現をしましたが、私はまさに実験にこそ意義があると考えていました。この地域をＳＬで元気にできるかどうか、試すということです。だから「社会実験」と位置づけ、これを標語のように打ち出したのです。

社会実験をして、たくさんの人が集まり、お金を使っていただければ、経済効果が生まれるという証明になります。ちなみに運行を止める列車は、バスで代行することにしました。

小さな会社の、大きな実験

当然ですが、実験によって生まれる経済効果を証明するためには、集客と消費を生み、さらにその結果を測定できるようにする必要があります。

集客の目標は１万人です。沿線人口が２万人（若桜町３４３７人、八頭町１万７４１

２人／２０１５年当時）という地域に、その半分に相当する人数を呼ぶことになります。ということは、社会実験が全国的に知れ渡るようにするとともに、来たくなるような仕掛けをつくらなければならないわけです。

そして経済効果を生むためには、旅行業界でよく言う「あご（食事）・あし（交通機関）・まくら（宿泊施設）」を用意しなければなりません。とくに消費する金額という点で、宿泊が重要になります。

また「あご・あし・まくら」以外に稼ぐ手立てはないものかを探り、若桜鉄道自体が収益を上げる仕組みをつくることも課題でした。仮に地域が稼げても、鉄道会社にお金が一銭も入ってこなければどうしようもありません。

突如として決まった社会実験で、行政や団体からご用意いただいた予算は２５０万円でした。18名の小さな会社が、かぎられた予算で大きな「実験」に挑むのは無謀かもしれません。それでも2月の正式発表まで漕《こ》ぎつけたのは、地域の人たちの力、つまり「住民力」に負うところが大きかったのです。

「地域を挙げて、みんなでやりましょう。鉄道のためというより、鉄道を使ってこの地域が観光で稼げるかどうか、みんなで試してみましょうよ」

そうお願いして、沿線の商工会や観光協会などを回りました。すると皆さん、

「よし、やろう」

と言ってくださる。とても気のいい人たち、気のいい地域なのです。普通はありえないと思います。こちらのお願いに乗ってきてくださり、正直、びっくりしました。

おかげで「若桜鉄道ＳＬ走行社会実験沿線サポート委員会」を結成していただくことになりました。この「サポート委員会」は、八頭町と若桜町の商工会、両町と鳥取市の観光協会、行政（鳥取県、鳥取市、八頭町、若桜町）、観光事業者など28の団体から構成され、12の班に分かれて社会実験の準備と当日の業務に取り組んでくださることになったのです。

ボランティアで住民力が高まった

どのような「サポート」なのか、2月4日に社会実験を正式発表したときの説明資料に「サポート委員会の主な事業」を掲げましたので、引用しましょう。

◆若桜鉄道㈱のＳＬ試験走行の支援
◆社会実験に伴う各機関との調整
◆記念イベントの企画実施
◆各駅でのイベント開催
◆沿線周辺警備、撮影スポット管理
◆当日の交通規制、駐車場管理
◆ＳＬ走行社会実験の広報
◆沿線周辺の観光ＰＲ
◆ＳＬ関連商品の開発・販売

これでお分かりのように、大変な仕事をボランティアで引き受けてくださることになりました。

ただ私は前年の9月に着任したばかりで、2月の発表の時点では5カ月しか経《た》っておらず、まだ地域に溶け込んだとは言えません。いくら気のいい地域とはいえ、どこの誰に何を頼めばいいのかが分からないわけです。そのとき、〝黒幕〟が現われて私を助けてくれました。

社長就任後の平成26年11月、私はある人物と知り合いました。石塚康裕《いしづかやすひろ》さん。「鳥取・因幡《いなば》観光ネットワーク協議会」の事務局長で、鳥取県東部の広域観光推進に尽力されている方です。

石塚さんに社会実験のことを相談すると、

「それは面白い。わし、手伝うわ」

と、プロデュースを買って出てくれたのです。

私が集客や宣伝のために社長の肩書を使ってあちこち行くのに対し、彼は表には出てきません。だから〝黒幕〟なのです。しかし石塚さんがプロデューサーとして狡猾《こうかつ》に（もちろん、いい意味で）動いてくれたおかげで、「サポート委員会」の28団体も、より円滑に機能するようになりました。地域住民である石塚さんのおかげで、ますます「住民力」が高まったのです。

さらに恒松さんをはじめ、谷口課長とつながりのある他社の鉄道マンや鉄道ファンが駆けつけてくれることになりました。社会実験では絶対に故障や事故を起こしてはなりません。そこで機関車の整備や沿線の警備に万全を期すため、石塚さんが応援を頼んだのです。これも普段から信頼関係を広く築いてきた彼だからこそ、できたことです。

日本で最初の「撮り鉄ビジネス」

ところで「サポート委員会の主な事業」の一つに、「撮影スポット管理」とあったのにお気づきでしょうか。これは前述した「稼ぐ仕掛け」に関わることなので、先にネタばらしをしてしまいましょう。

鉄道の写真撮影を趣味とする人たちがいます。通称「撮り鉄」です。SLが走るとなれば、それこそ全国から集まってくるはずです。この撮り鉄さんたちにお金を落としてもらおう、と考えたのが「撮影スポット」でした。

私有地に無断駐車したり、畑を踏み荒らしたり……と、昨今は邪魔者扱いされがちな撮り鉄さんですが、それは早い者勝ちで無秩序に撮影の場所取りをさせるから、焦《あせ》った行動が起きてルール違反も出やすいわけです。だったら確実に撮影できるサービスを有料で提供すれば、秩序も保たれるし経済効果を生むかもしれない。

当日はお客様を乗せられないため、切符を売ることができません。代行バスの費用もかかります。「地域が稼げても、鉄道に一銭も入らなければどうしようもない」と申し上げたとおりで、そこで撮影スポットを設け、有料としたのです。ちなみに社会実験で走る客車の乗車定員は1両につき50人。3両連結ですから150人です。また運賃は片道430円。満席で往復しても合計12万9000円です。

たいした金額ではないかもしれませんが、それでも回収するべきと考え、撮影スポットを一人500円で売り出しました。何しろ沿線には何千人という方々が撮影に来られるだろうから、その人たちからお金をいただくほうが早いはずです。実際、当日は2カ所の鉄橋で列車を5分ほど停車させ、撮影を楽しんでいただきました。

これには後日談があり、私はある方から怒られてしまいます。

「山田さん、撮影スポットね、あれ大失敗だ。こういうものは500円でなく、桝席《ますせき》をつくってだな、弁当を用意して1万5000円で売るものだ」

大相撲みたいですね。でも日本初の「撮り鉄ビジネス」ですので、お許しをいただくしかありませんでした。

「撮影スポット管理」には、交通規制などが伴いますので、警察の理解と協力が欠かせませんが、関係された皆様のご尽力には頭が下がります。

また、河川管理や県道管理といった行政が、すべて協力してくれるというのです。たとえば……。

「河川敷を撮影スポットにして、そこで撮影をしたいのですけれども」

「いいですよ。占有してかまわないですよ」

「川に架《か》かっている県道がありますね。その橋の車線を半分封鎖して、撮影スポットに使いたいのですが」

「はい、地域の人がいいと言うのなら、いいですよ」

「地域の人がいいのなら、いいですよ」という返答に、私はここにも「住民力」を見たのです。

何人が来てくれるのだろう

2月4日の正式発表では、マスメディアを招いての発表会を開きました。この日は鳥取県内の全メディアが集まりました。課題だった「社会実験を全国に知れ渡らせる」ことが大きな一歩を踏み出したのです。

私が恐れていたのは、社会実験が終わった4月12日になって「あれ、社会実験って、もしかして昨日でしたっけ」と言われることです。だから、できるだけ事前に報道していただきたいのですが、これが難しい。ニュースとしての価値がなければ、「事前の報道」は、なかなかしてもらえないのです。お金を払って宣伝するのなら別です。でも、そんな予算はありません。

例外は、地元のテレビ局が企画したテレビCMです。沿線の企業をスポンサーとして集めていただき、70本以上のスポットCMが放映されました。地域の人たちにお知らせするのに、これ以上ない力になりました。ただし、全国レベルというわけにはまいりません。

私たちは、あの手この手でメディアに働きかけました。一例を挙げるとすれば、「案山子《かかし》」でしょうか。案山子は町おこしに考案されていた「ふるさとかかし」というもので、よく見かける案山子よりもリアルなのが特徴です。社会実験では、お乗せできないお客様の代役を、この案山子に務めてもらうことにしました。そこで案山子を客車に積み込む場面を取材していただくようにしたわけです。

もちろん、地道な広報・PR活動も続けました。ウェブサイトを使った情報発信はもとより、県外のメディアや鉄道会社に告知の協力をお願いし、チラシを置いていた

勢の人がつめかけた

だきました。私も大阪などあちこちに行き、鉄道趣味の店や博物館を回ったことを思い出します。

告知に走り回り、説明会を開き、会議を重ね、準備の日々が過ぎてゆきます。でも前日まで、どれほどの人が来てくれるのか読めません。

——これで500人くらいしか集まらなかったら、もう私は次の日から会社に出られないな。

不安と緊張を抱えながら「若桜鉄道SL走行社会実験」の朝を迎えます。

駅、沿線、撮影スポット……「地方創生号」という小さな会社の大きな実験に、大

「地方創生号」は走った

平成27年4月11日、土曜日。若桜谷は雲間から青空がのぞく天気です。沿線の桜が山里を美しく彩《いろど》っていました。

午前9時、若桜駅で出発式。テープカットの後、「鳥取県発　地方創生号」というヘッドマークをSLに付けた列車がゆっくりと発車しました。時刻は9時30分です。

乗客は130名（?）の案山子です。SLの煙突からは煙が立ち上《のぼ》っています。石炭を焚《た》かない空気駆動なのに、おかしいですね。実は杉の葉を燃やしたのです。また汽笛が若桜谷いっぱいに響き渡るように、爆音仕様で走りました。

沿線は撮影スポットの「撮り鉄」さんのみならず、地元の人たちで大賑《おおにぎ》わいです。各駅でイベントが行なわれ、普段は人っ子一人いないような駅にも、800人もの方々が集まってくださいました。

上空にはヘリコプターが飛んでいます。陸路には相当な数の白バイと警察官の姿。この日は、地元選出の石破茂《いしばしげる》地方創生担当大臣（当時）はじめ来賓がお越しのため、要人警護にあたってくださったのです。

「沿線サポート委員会」の皆さんも駐車場管理に、交通規制に、各駅のイベントに、と大忙しです。そのなかで〝奇跡のコラボ〟が実現したことをご紹介しましょう。

12に分けた班のうち「調査・統計班」があります。イベント来場者の人数カウントやアンケート調査など、経済効果の測定を担当していただくチームです。この班は38人のボランティアから組織されたのですが、その顔ぶれというのが山陰合同銀行、鳥取銀行、鳥取信用金庫による合同チームでした。いわば地元のライバルです。けれども社会実験のために一致協力していただいた。だから〝奇跡のコラボ〟なのです。

「地方創生号」は若桜－八東間を1往復して、正午ちょうど、無事に若桜駅へ戻ってきました。

驚くべき経済効果が！

では、この社会実験で、どれだけの経済効果が生まれたのでしょうか。

まず、来てくださったお客様は1万３４６８人とカウントされました。地元で「若桜街道」と呼ばれる国道29号線の通行量が、普段より１４００台も増えて、若桜町で初めて渋滞したそうです。

観光などで地域を訪れるお客様のことを「入込客《いりこみ》」と呼びますが、1万３４６８という入込客数は、目標としていた1万人をクリアしたので、私はホッとしました。そしてこの入込客数と消費動向アンケート、沿線店舗の売上から直接的な経済波及効果を推計しました。その金額は１８０５万円です。

さらに間接効果として、ＮＨＫ、フジテレビなどの放送局や、今をときめく「センテンス・スプリング」こと「週刊文春」にも来ていただき、全国に報道されて４７４５万円の広告換算効果がありました。メディアの報道量を広告費用に置き換えて計算したものです。この数字に広告放送（ＣＭ）のないＮＨＫの報道は入っていません。調査・統計班の人たちからは「半日のイベントで、これはすごい数字ですよ」と言われました。

ただし、この数字だけを見て「めでたしめでたし、社会実験をやってよかったね」と浮かれている場合ではありません。さらなる分析をして、今後に生かさなければ意味がないからです。

一つは、どこにお金が落ちたか。

順に並べると、鳥取市39％、若桜町31％、八頭町16％、その他が14％です。また、県外からのお客様と県内のお客様で、お金の使い方が違うことも分かりました。県外からの入込客数は比率で言うと35％なのですが、使ったお金の総額は77％。一人当たりに直すと倍以上です。やはり消費金額では宿泊費が最も大きな割合を占めています。

県外・県内者の経済波及効果

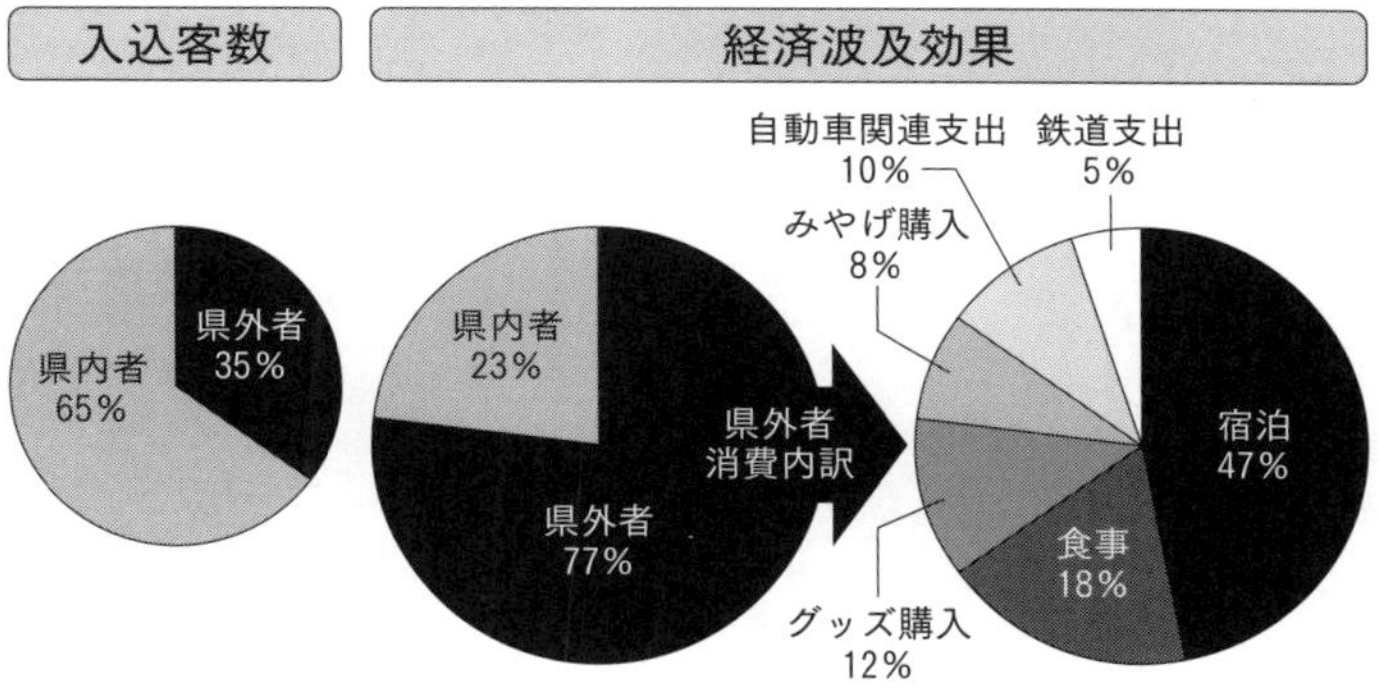

宿泊客は平均15倍の消費

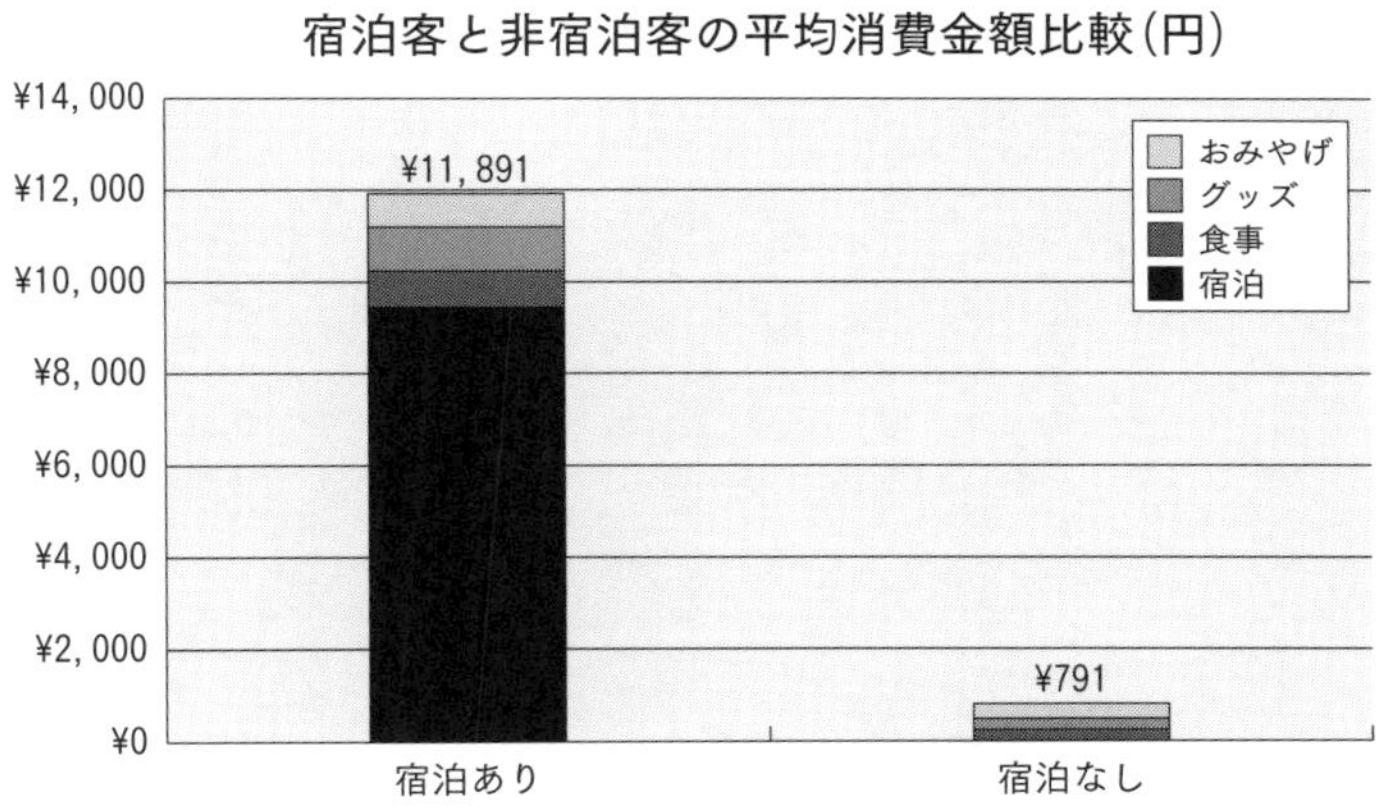

さらに宿泊したお客様が平均で1万1891円を消費したのに対し、日帰りのお客様は791円。15倍の差がつきました。つまり、日帰りのお客様15名分と宿泊のお客様1名分で同じくらいの金額ということです。「いかに泊まっていただくか」ということが大切だと分かりました。

鳥取市に39%のお金が落ちたのも、鳥取市に宿泊したお客様が最も多かったからなのです。若桜鉄道沿線に何が必要なのか。今後のテーマが、数字を分析することで見えてきました。

経済効果を生み、そしてこれからのテーマを見つけるという意味でも、社会実験は成功のうちに幕を閉じました。そのきっかけは、一人の社員が多くの協力のもとにSLを直したという当社の「技術力」だったかもしれません。しかしそこに行政の協力と「住民力」が加わり、周囲の人たちや組織を巻き込んで、大きな渦《うず》が生まれました。そのポテンシャルが、小さな会社の大きな実験を支えたのだと思います。

2 好きなことを仕事にする

――〝鉄ちゃん社長〟の誕生

公害問題が〝鉄ちゃん〟への入口だった

私は平成28年（２０１６）６月15日の株主総会で再任され、社長として2期目を迎えました。新たな任期である2年間の始まりです。

というわけで、社会実験終了までの〝ＳＬ里帰り走行物語〟に続き、私自身の〝物語〟をお話しさせてください。え、お前の物語なんか興味ない？　そう言われるのは承知のうえです。どんな男が鉄道会社の公募社長に手を挙げ、採用され、経営改善に取り組んでいるのか、ちょっと長めの自己紹介をさせていただきます。

51歳で若桜鉄道に辿《たど》りつくまでの私の人生は、寄り道だらけでした。ただ、振り返ってみると、不思議なことに日本の鉄道の変革と自分の経歴が節目《ふしめ》、節目で重なっているのです。

私は昭和38年（１９６３）の生まれですが、その翌年の10月1日に東海道新幹線が開通しました。ご存じのとおり、東京オリンピックに合わせた開業です。新幹線の開業は、「鉄道はもうダメだ」と国内外で思われていた鉄道斜陽論を一掃する大事件でした。

当時の日本は高度経済成長の真っ只中にあって、好景気に沸《わ》いていました。しかしその反面、大きな代償として社会問題が生まれてもいました。そう、公害です。経済成長でエネルギーの需要が爆発的に増えたため、自動車の排ガス、工場の煤煙《ばいえん》や廃液が、川と海と空を汚染したのです。

私が5歳のころだったと思います。テレビを見ていると、四日市《よっかいち》ぜんそくや水俣《みなまた》病など、公害病が大々的に取り上げられていました。今とは違ってドキュメンタリー番組が全盛の時代で、毎日のように公害問題をレポートします。そんな番組を見ているうちに、幼心《おさなごころ》にも「公害は大変だ」と感じるようになりました。

そこに「鉄道の変革」が起きます。昭和43年（1968）10月1日、国鉄の全国ダイヤ大改正——通称「ヨンサントオ」（43・10）と呼ばれる変革です。東北本線の電化と複線化に始まり、特急と急行の増発、列車のスピードアップ……このときの時刻表が表紙に「国鉄ダイヤ全面大改正号」と大書するように、国鉄は鉄道の大躍進をPRしていました。

ところが「躍進」の一方で、無煙化、つまりＳＬによる運行を大幅に廃止するとともに、不採算路線を切り捨てることが決まります。赤字の１１５路線で普通列車の本数をどんどん減らし、さらにこのうち83の路線を将来的に廃線とする方針でした。

５歳の私は疑問を持ちました。

「公害で大変なことになっているのに、なぜ鉄道が消えちゃうの？」

――高速道路網が整備されてモータリゼーションが発達すれば、大気汚染はますますひどくなる。社会に悪い影響を与えるものがはびこってゆく。にもかかわらず、環境に優しい鉄道が消えるのはなぜなのか、というわけです。

この小さな疑問から問題意識が芽生え、私の関心を鉄道へと駆り立てました。いわば公害問題とダイヤ改正が、私にとっての鉄道の「原体験」となったのです。

なくなる路線を見ておきたい

「三つ子の魂《たましい》百まで」とはよく言ったもので、私はその後、順調に（？）〝鉄ちゃん人生〟を歩むことになります。

昭和45年は大阪万博と「ディスカバー・ジャパン」（国鉄の旅行キャンペーン）の年でした。ここから空前の国内旅行ブームが起きます。女性雑誌の誌名から名づけられた「アンノン族」（『an-an』と『non-no』から）という若い女性たちが、尾道《おのみち》や倉敷《くらしき》、飛騨高山《ひだたかやま》、萩《はぎ》などを訪ね歩くようになり、日本人の旅のスタイルが変わったと言われました。小学1年生になっていた私も、マンガの『サイクル野郎』や『釣りキチ三平』といった、主人公の少年が全国を旅するロードムービー系のものに感化されて、思いを強くしました。

「旅、したいなあ」と。

また、SLに心を躍らせました。「ヨンサントオ」のダイヤ改正で国鉄の無煙化が進むと、廃止されるSLを惜しむ人たちが各地のSL走行路線に大挙して集まり、列車に乗ったり写真を撮影したりするようになっていました。SLの大ブームです。ただ、私はまだ一人旅を許されない年齢でしたので、そのSLを見に行けません。ブームをテレビで見るだけで、泣く泣く見送った一人だったわけです。ほどなくSLは国鉄の営業路線から姿を消します。昭和51年（1976）3月2日、国鉄は完全に無煙化を果たしました。

ところが同じ年の夏、SLの営業運転が復活します。今「きかんしゃトーマス号」が子どもたちに大人気の静岡県の私鉄、大井川鐵道《おおいがわてつどう》です。

実は私の両親は、父、母ともに大井川鐵道沿線の出身で、駿河徳山《するがとくやま》という駅の近くに実家があります。私は小さいころから夏休みになると、その実家に一人で送り込まれていました。

商売をやっている家にいると邪魔で田舎にでも行ってほしいと思われたのか、毎年のように新幹線と大井川鐵道に乗って、嬉々《きき》として駿河徳山まで行くのです。沿線には親類の家もありますから、あちこちをぐるぐる回って、ひと夏を過ごすのが年中行事のようになりました。そうしているうちに、テレビでしか見ることのできなかった

「トーマス」「ジェームス」が人気の大井川鐵道。いち早くＳＬを復活させた

時事／©2015 Gullane (Thomas) Limited.

ＳＬが突然、走りはじめたのです。私が中学1年生のときでした。

その後はブルートレインブームなどがありますが、私が高校生になるころには、後の分割・民営化につながる「国鉄改革」が国会で議論されるようになっていました。

昭和55年（１９８０）12月には国鉄再建法が成立し、新しい路線の建設見直しやリストラとともに、将来的に廃止する線区が決まります。「はじめに」でご案内したとおり、国鉄若桜線が第1次廃止対象特定地方交通線とされたのが、このときです。

高校時代、私はなぜかテニス部と鉄道研究部の2足の草鞋《わらじ》を履いていたのですが、春休みや夏休みを利用して、暇さえあれば全国の廃止対象線区を乗り歩くようになりました。ようやく一人旅解禁です。やはり「なくなる前に見ておきたい」という〝鉄ちゃん〟の習性で、大学進学後も鉄研（鉄道研究会の略称）に入り、北海道から九州まで、とにかく廃止対象線区を狙《ねら》って出かけました。もちろん若桜線にも乗っています。

ひと口に〝鉄ちゃん〟といっても、さまざまなカテゴリーがあります。1章でご紹介した「撮り鉄」さん（写真撮影が中心の鉄道ファン）をはじめ、「乗り鉄」（鉄道旅行が中心）、「降《お》り鉄」（途中下車の旅を楽しむ）、「録《と》り鉄」（音を収録）、「車両鉄」（鉄道車両を研究）、「時刻表鉄」（時刻表やダイヤを研究）、「駅弁鉄」（駅弁の食べ歩き）、「収集鉄」（切符や鉄道部品などを集める）、「模型鉄」（鉄道模型）などなど多岐にわたります。

この分類で言うと私は「乗り鉄」になるのでしょうか。やはり5歳での原体験——「なぜ鉄道が消えちゃうのだろう」という思いが大きかったのだと思います。

「9・11」と「3・11」

当然のように、大学卒業を控えた私は鉄道業界への就職を希望していました。ところが両親の反対に遭《あ》ってしまいます。

「稼げない業界はダメだ」

なにせ二人とも大井川鐵道沿線の出身で、鉄道イコール稼げない、と聞いていたのでしょう。大井川鐵道には失礼ですが、鉄道会社に就職してもリッチにはなれないと反対されて、私は鉄道の次に好きだったＩＴの業界に入ることにしました。言ってみれば、鉄道からＩＴへの〝寄り道〟です。

最初の就職先はＣＳＫ（現ＳＣＳＫ株式会社）という企業です。そこでシステム開発営業や営業企画などを担当した後、「自社で商品をつくり、持っている会社に行きたい」と考え、外資系のソフトウェア企業に転職しました。それからはマーケティング人生です。

プロダクトマーケティング（商品・販売企画）、カスタマーマーケティング（顧客の囲い込み）、コーポレートマーケティング（広報・企業ブランディング）など、販売拡大に関わるマーケティングを手がけました。私自身、マーケティングはずっとやりたいと思っていましたので、「ついにやりたい仕事に出合えた」と、喜び勇んで日々を過ごしていたものです。

しかし社会人になって15年を経過したころ、私を次の〝寄り道〟に向かわせる契機となる世界的な事件が起きます。

平成13年9月11日のアメリカ同時多発テロです。外資系企業に勤めていた私にとって、考え込まざるを得ないような出来事でした。

——俺はアメリカの企業によって金儲けをしているのだけれども、これっていいのだろうか？

心に大きな疑問が生まれました。その疑問を抱えたまま働いていた私を、さらに揺さぶる出来事が日本で発生します。

平成23年3月11日、東日本大震災。

震災復興のシンボルとなった岩手県の三陸鉄道（北リアス線。田野畑駅で）
時事

私が衝撃を受けたのは激甚《げきじん》な被害のなかで、岩手県の第3セクター、三陸《さんりく》鉄道が地域復興の象徴となったことでした。三陸鉄道は、震災の5日後には一部区間で運転を再開して無料の復興支援列車を走らせ、被災地の方々に希望の火を灯《とも》したのです。

当時、三陸鉄道の望月正彦《もちづきまさひこ》社長（平成28年6月に任期満了で退任）は、こうおっしゃいました。

「第3セクターは地域の役に立たなければ意味がありません」

自分がやるべきこととは……

それまで、鉄道と地域の間には距離がありました。鉄道会社は「経営を支えてくれない」と、地域に対して文句を言います。一方、地域は地域で「鉄道に何か言ったって、全然話に乗ってきてくれない」という不満を持っている。

そうしたなかで「地域の役に立ってこそ第3セクターの意味がある」と聞かされた私は衝撃を受けたのです。

ゆりかもめなど新規に開業した路線を除けば、第3セクターの前身は、ほとんど私が高校、大学の学生時代に乗り歩いた国鉄の廃止対象線区です。当初は「第3セクターなんて、スキーム的に鉄道を残すための方便《ほうべん》だ」としか思っていなかった私ですが、三陸鉄道が震災復興の軸になっている事実に「そうか。第3セクターの位置づけが変わっている」と認識を新たにしたわけです。

それほど望月社長の言葉は、私の脳天を震わせるのに十分すぎるものでした。9・11で抱えた疑問が、3・11でさらに増幅されたと言えるかもしれません。

たしかに自分はマーケティングの仕事も好きだ。だけど本当に、この業界にずっといていいのだろうか。それよりもやるべきことがあるのではないか――そんな自問自答を私は繰り返しました。

もっとも、このような境地に至るまでには、いくつかのエポックがあります。すべて鉄道に関するものです。

一つは平成6年（1994）に制定された「鉄道の日」（鉄道記念日）です。このとき、たしか村山富市《むらやまとみいち》内閣だったと思いますが、新聞で閣僚名簿一覧を見ていたら「趣味」の欄に「鉄道ファン」とする大臣が3人もいました。

「ええーっ、内閣に3人も〝鉄ちゃん〟がいるのか」

そう驚きつつ、私は「これで鉄道趣味が公式なものになった。表舞台に出た」と思ったものです。

次に平成18年（2006）10月、阪急阪神《はんきゅうはんしん》ホールディングスが発足します。大まかに言えば、これは阪急グループと阪神グループの経営統合ですが、大手私鉄のビジネスモデルが変わってきているという側面を持っています。

日本の私鉄は沿線の宅地開発や、デパートとホテル経営など、ディベロッパー型の経営で成長してきました。これは世界でも類を見ない、成功したビジネスモデルです。しかしバブル崩壊で所有する不動産の価格が下がり、同時に少子化で利用客数の減少に見舞われ、企業単体での生き残りが厳しくなりました。その延長線上に阪急と阪神の経営統合があると理解した私は、「長年、繁栄を続けてきた大手私鉄のビジネスモデルも変わらざるを得ないのか」と時代の節目を見た思いだったのです。

そして平成20年（２００８）４月、日本の鉄道会社で初めての公募社長が誕生します。千葉県の第３セクター、いすみ鉄道が公募を実行し、吉田《よしだ》平《たいら》さんが社長に就任しました。吉田さんはリクルート出身で、家業を継いだ後の応募でした。それまで第３セクターの社長というと、県知事や町長など地方自治体の首長が務めるのが一般的だったので、いすみ鉄道の社長公募はニュースでも話題になりました。

「へえー、鉄道会社が社長を公募するなんて、ずいぶん時代が変わったものだ。地域の名士がなるような要職を、一般公募してしまうのか」

そこまで地方が追いつめられているのかと驚きましたが、続けてこうも思いました。

「もしかしたら、俺にもチャンスがあるのかも」

公募社長になろう！

現在、いすみ鉄道の社長は、この業界では有名な鳥塚亮《とりづかあきら》さんです。航空業界出身の鳥塚社長は、前任の吉田社長が千葉県知事選出馬のために退任されるのを受けて、平成21年（２００９）、やはり公募から社長に就任されました。いすみ鉄道以降、各地の第3セクターに公募社長が就任するようになります。

参考までに、私が若桜鉄道に来た平成26年当時の公募社長は次の方々です。

・由利《ゆり》高原鉄道（秋田県／春田啓郎《はるたけいろう》社長）
・山形鉄道（山形県／野村浩志《のむらひろし》社長　※平成27年退任）
・いすみ鉄道（千葉県／鳥塚亮社長）

・ひたちなか海浜《かいひん》鉄道（茨城県／吉田千秋《よしだちあき》社長）

鳥塚社長をはじめ第3セクター鉄道の公募社長は、問題が山積する地域社会で活躍していました。とくに、どうやってお客様を増やすか、どうすればお客様の心をつかめるのかといった、マーケティングの面で手腕を発揮されていました。

――マーケティングで頑張っているのが第3セクターの公募社長であるのなら、今までやってきた自分の経験が役に立つのではないか。地域の鉄道を元気にできれば、三陸鉄道のように地域を元気にするお役に立つこともできるのではないか。

第3セクター鉄道の公募社長になろう。そう決意し、私は勤めていたIT企業を退職しました。東日本大震災の翌年、平成24年です。

確たる応募先があったわけではありません。まさに〝寄り道〟です。失業保険をもらいながら、まずは鉄道業界の実務を知るために修業をしようと思い立ち、手当たり次第に勉強会やセミナーに参加しました。そんな時期、大学の鉄研の先輩に紹介されたのが由利高原鉄道の春田啓郎社長です。

春田社長から依頼されたのはウェブサイトの整備改良でした。それで「ITアドバイザー」という肩書をいただいたのです。しかし結果としては、肩書の枠を大きく踏み出したと思います。

由利高原鉄道にご縁ができたけれども、私は公募社長への修業のつもりでしたから、ありとあらゆることを提案し、試させていただきました。自分が社長と仮定し、「俺が社長だったらこれをやるな」と。

現地に常駐するわけではなかったので、社員の管理や業務の改善などはできません。それでも、各社の公募社長がマーケティングで活躍しているのだったら、自分にもできる。マーケティングの面で、ありとあらゆることを試してみようと思ったのです。

「それはやめてくれ」と言われるまでは、あれこれやってみる。お金をかけられないことは承知していましたから、ローコストでのマーケティングを心がけました。

完売した「バーチャル飲み鉄」とは？

「ITアドバイザー」として、まずは由利高原鉄道の公式ウェブサイトのリニューアルから取り掛かりました。失業保険をもらう身で時間はありますから、ページはどんどんつくれます。情報量が増え更新も頻繁《ひんぱん》になると、検索にもヒットしやすくなり、おかげでアクセス数が従来比の2倍になりました。

また、公式サイトは情報量が多いので一度には読みきれません。イベントや観光、グルメ情報を毎日タイムリーに発信し、人を呼び込むためにフェイスブックページ「由利高原鉄道ファン」も立ち上げました。

スマートフォンにも対応するサイトにするなど、ウェブを展開し、カード決済できるネット通販の仕組みもつくりました。すると今度は、通販のための商品が足りません。それで私は商品開発に乗り出します。こうなると、もはや「アドバイザー」ではありませんね。

開発した商品に「車窓旅情セット」があります。お酒を売ろうというものです。オリジナルのラベルを貼った地酒の4合瓶《びん》2本がワンセットですが、ただ単にお酒を売るだけでは面白くないので、由利高原鉄道の車窓の風景を動画にしてセットに加えました。ウェブの動画サイトを見るパスワードを酒瓶の梱包《こんぽう》に封入したのです。

動画はiPhoneで撮りました。列車の窓にセロテープでiPhoneを固定して、片道約40分の道中を撮影したのですが、パソコンでこの動画を見ながら地酒を飲むと、あたかも由利高原鉄道に乗車したような気分を味わっていただけます。「バーチャル飲み鉄」としてメディアの話題にもなり、「車窓旅情セット」は完売しました。

この商品開発は自分の体験に基づいています。私が学生時代に列車を乗り歩いていたころは、車内でお酒を飲むのが当たり前でした。同行の友人とビールやウイスキーの水割りを飲み、車窓を流れる景色を眺《なが》めていました。最高のおつまみはコンビニのおでんでしたが、四季の風景、とくに雪景色を走る列車に揺られながら飲むお酒は幸福感を運んでくれます。その記憶が「バーチャル飲み鉄」につながったわけです。

それから新型車両の導入に合わせて、鉄道模型と座席のクッションを商品化しました。模型は手作り品で単価が約7万円と高額なのですが、100万円近くを売り上げました。

　また「座席のクッション」というのは、実際に新型車両の座席に使う布地の端切《はぎ》れを35㎝四方のクッションに加工したものです。鉄道ファンは車両の部品を欲しがりますが、実物はなかなか手に入りません。仮に部品を入手したとしても、多くは置き場に困るようなものばかりで、家族に怒られたりします。

　その点、実用性のあるクッションで、しかも実物ならば売れるのではないか。さらにシリアルナンバーを入れて希少性を高めました。初めは慎重を期して40人以上の希望が集まったら商品化することにしたのですが、これはネットでよくある「なにこれほしい」「商品化希望」の方式です。40人はすぐに集まり、おかげさまでクッションも完売しました。

お金をかけなくても、できることがある

由利高原鉄道は秋田のローカル鉄道ですから、全国的には無名です。私も普段は東京にいて、月に1回、秋田へ取材や打ち合わせに出向くというシフトでした。

私のほうから春田社長に「月に1回は打ち合わせをさせてください。報酬はいただきません。交通費だけでけっこうです」とお願いしたのです。春田社長は報酬を出すと言ってくださいましたが、これを交通費に替えていただき、春田社長から学ぶ機会をつくったのです。

東京で仕掛けたのは、応援団の結成です。無名の鉄道を応援して宣伝してくれる人たちを組織化しようと、春田社長から呼びかけていただきました。すると、ほどなく人が集まり、本当に東京で応援団が結成されたのです。

たとえば東京を中心とする首都圏で鉄道関連のイベントがあったとしても、秋田にいる社員はなかなか出張することができません。そんなとき、東京の応援団が社員の代わりにボランティアで手伝ってくれます。こうした活動の輪が広がることで、由利

高原鉄道の存在感も次第に強まっていったと思います。

ただ、その活動内容や意義を固めるのは容易ではありませんでした。鉄道を応援したいという気持ちはあっても、想《おも》いはそれぞれです。息苦しさや片苦しさを感じたら長続きしないし、決まりがまったくなければメンバー同士も迷ったり、ぶつかり合ってしまう。打ち合わせ・意識合わせのために飲み代もずいぶんと使いましたが、鉄道を愛し、地位も良識もある社会人のメンバーから学ぶことはとても大きかったのです。

地方の小さな鉄道会社は、普通のことをやっていたら話題にもなりませんし、つくった商品も売れません。お金がかかる広告も打てません。だから情報発信や商品開発で、あれこれの〝変わり種〟を仕込む必要があります。

それが地元紙の記事になれば、地域の人たちが商品を買ってくださる。ウェブサイトで呼びかければ全国的に広がる可能性も生まれる。「ＩＴアドバイザー」の枠を超えてマーケティングを試しつづけた私は、お金をかけなくてもできることがあるという感触をつかみました。

また、春田社長からは大変お忙しいにもかかわらず、折に触れて地域鉄道の実情を教えていただきました。鉄道会社は大きく見られがちですが、実態は零細企業です。仕事の仕組みや人材など想像以上に厳しいなかで頑張っているだけに、「これはできて当たり前だろう」と思いがちなことも、人手やノウハウがないため、ままならないことも多いのです。

失業保険が切れてしまった……どうする？

そうこうしているうちに1年が過ぎ、失業保険も切れてしまいました。第3セクターの社長公募もありません。どうしようか――そこで私は由利高原鉄道で蓄《たくわ》えさせていただいたノウハウと実績を生かし、起業することにしました。

春田社長からの助言もあり法人格を取得し、合同会社日本鉄道マーケティングを立ち上げました。平成25年（２０１３）12月2日の設立です。「地域鉄道と地域企業のマーケティング強化で地域活性化を実現」と標榜《ひょうぼう》し、全国の鉄道会社に「サービスを提供します」と営業をかけました。

まずＤＭ（ダイレクトメール）を発送します。「このように考えれば、地方鉄道も稼げるのではありませんか。当社のことを詳しくお知りになりたければ資料請求してください」という趣旨の提案書で、由利高原鉄道での実例を載《の》せました。

手元に当時のＤＭ（会社案内）がありますので、冒頭の挨拶《あいさつ》文をご紹介します。

今、地域経済は疲弊し過疎高齢化は深刻さを増しています。地域経済を支える地域鉄道は苦境に立たされ、２００１年以来、東京－姫路間に相当する６７０キロを超える線路が廃止されました。しかし、線路がバスに代わった地域では、ランドマークである線路を失い、外出が減り、経済がさらに悪化する例もあります。

地域の鉄道事業者の多くは、輸送業務を継続する最低限の人員に絞り込んでいるため、マーケティングや営業に手が回らず、シェアの低下に手だてが打てず、顧客を知らないために変革への戦略も立案できない状況に追い込まれています。これを支える自治体や地域も鉄道ビジネスのノウハウが薄く、打ち手をなかなか見いだせない状況です。

今回、日本鉄道マーケティングは、このような社会的問題を解決するために設立されました。日本最悪の過疎高齢地域である秋田県の由利高原鉄道にて成功したコストパフォーマンスの高いマーケティング手法を用い、国内各地で苦境に立たされている地域鉄道と地域企業にマーケティングサービスを提供し、活性化を実現いたします。

DMには鈴を同封しました。ある人に「鈴を入れると開封率が上がるよ」と教えていただいたからです。「へえ、そうなんだ」と最初は気にも留めなかった私ですが、後日、ある鉄道会社に伺ったら、「鈴入りのDMの人ですね」と言われ、「開封率が上がる」ことを実感しました。

また由利高原鉄道の春田社長に協力をお願いしました。東北鉄道協会や3セク協（第3セクター鉄道等協議会）など団体の会合や地方での講演に出かけられる折に、日本鉄道マーケティングのチラシを会場で配っていただいたりしたのです。おかげで山形鉄道の野村社長とご縁ができました。

ＤＭ発送の次は、実際の営業です。大半は「シッシッ、あっち行け」という感じですが、なかにはこちらの話を聞いてくれる社長もいらっしゃいます。営業をしながら意気投合することさえありました。

鉄道会社の社長で、私ほどいろいろな鉄道会社の現役社長を訪ね、話し込んだ経験のある人は、ほとんどいないと思います。私は自分の商売のために営業をかけたわけですが、それが今の私にとって財産であり糧《かて》となっています。

しかし日本鉄道マーケティングの業績は、正直なところ芳《かんば》しくはありません。それは当然で、顧客となる相手の鉄道会社は赤字に悩むローカル鉄道なのですから。

起業して社長になってはみたものの、将来が保障されるわけではない。そのころすでに私は結婚し、子どももいましたから、思いあぐねていました。そこに1本の電話が入ります。山形鉄道の野村社長からでした。

「山田さん、出たよ」

「え、出たって、何がですか？」

「若桜鉄道が社長を公募したんだよ」

なぜ沿線を自転車で走ったのか

「山田さん、応募する？」

「いや、応募も何も……」

私は募集要件の詳細も聞かず、答えました。

「もちろんです」

平成26年6月のことです。相前後して春田社長からも公募の一報をいただきました。

ようやく念願だった鉄道会社の公募社長への道が開かれました。しかし、そうは言っても、合格しなければ始まりません。私は一計を案じ、当時の公募社長にお尋ねすることにしました。

春田社長は私の質問に、貴重な体験を話してくださいます。

「応募する前に現地に行った。そこで自転車を借りて、全線を走ったよ」

国鉄改革で生まれた第3セクターは、その要件の一つに「起点から終点までの営業キロが30km以下」というのがあり、短い路線が多いのです。由利高原鉄道は23km、若桜鉄道は前述のとおり19・2kmです。この距離なら自転車で走れますね。

全国の鉄道を営業で回ると、ネットや報道で事前に調べ想像していたことと、現地で見聞きしたことが大きく違うという経験を何度もしてきました。現地に足を運ばないと始まらないのです。

私は「やってみよう」と思いました。そして、鉄道に詳しいジャーナリストにこの話をすると「それはすごい。でもね、沿線を回るのなら3日はかけたほうがいいよ」というアドバイスもいただきました。

そこで旅館に3連泊して、とにかく手当たり次第、地域の人たちに話を聞いて回ることにしたのです。

若桜駅はもちろんのこと、若桜町と八頭町の役場や鳥取県庁に行き、各駅の「守る会」の長をはじめ住民の方々にも次々とお話を伺いました。

前章でお話ししたように、この当時は「若桜線SL運行委員会」が立ち上がっており、募金活動など若桜鉄道の存続に地域ぐるみで取り組んでいました。そこで私は地域の皆さんに、3つの質問を投げかけたのです。

①なぜ若桜鉄道を残したいのですか。
②何が若桜鉄道（と地域）の課題だと思っていますか。
③若桜鉄道に何を期待していますか。

——この3点です。そうすると、「ああ、こういう問題を抱えているのか」と課題に気づくことができ、地域の人たちの思いも見えてきました。役場からは「赤字を減らしたい」「観光客を増やしたい」という声が上がり、地域住民の方々は「鉄道がなくなると、地域が寂《さび》れる。だから残す」とおっしゃいます。

私は驚きました。行政や住民の意識がきわめて高い。普通は単に「残したい」とだけ言うところを、「地域が寂れるから」と、はっきり口に出す。それは鉄道と地域が置かれた現実的な問題を分かっているからです。

一般的に、鉄道の保存運動は〝熱〟のある人たちが行ない、それ以外の人は無関心で二極化します。また〝熱〟のある人は〝鉄ちゃん〟や、親が鉄道員といった情緒的な部分に支えられることが多いものです。その意味で、ロジカルに「地域が寂れないために手段として鉄道を残したい」と言える若桜谷の人たちは、私の話も通じやすいと思いました。

——ここなら、いろいろなことができるかもしれないな。

私は、たくさんの人たちに聞いて回ったことを募集要項の論文にまとめ、提出しました。参考までに、募集要項の概要です。

職種：代表取締役社長

募集人員：1名

業務内容：鉄道事業全般のマネジメント（経営健全化、活性化の取り組みなど）

求める人物像：・マネジメント能力、経営感覚、コスト意識など、組織運営に優れたリーダーシップを発揮でき、鉄道の活性化に取り組める人

・柔軟な発想力、お客様志向および企画力などにより、新規事業（観光振興など）を実施できる人

・鉄道再建への情熱と行動力があり、幅広い人脈をもっている人

・心身が健康であり、人間性が豊かな人

書類選考を通過すると、第2次選考の面接へ進みます。私は無事に「第1次選考(書類選考)合格」の通知を受け取ることができました。

面接での一問一答を再現すると

8月、面接の日を迎えました。面接会場は若桜駅前にあるJAの2階です。このとき笑ってしまったのは、初対面の若桜町と八頭町の町長以外、面接担当者はすでにお会いした人ばかりだったことです。なぜなら自転車で沿線を走り回っていたときに、お話を聞いていましたから、顔見知りだったわけです。

では、どのような面接だったのか、ちょっと再現してみましょうか。

挨拶の後、志望動機を聞かれ、続けて社長としての経営理念をお聞かせください、と言われたところからです。私は次のように答えました。

「鉄道は残っただけでは意味がありません。地域に貢献して、初めて残された意味があると考えます。地域の方から『若桜鉄道があってよかった』と思っていただける鉄道にしたい。また、大変な苦労のなかで運行されている社員の方にとっても、『地域の役に立っている』と実感できる鉄道にして、それを励みにしていただきたいです」

そして質問が続きます。

――どのように経営を改善するおつもりですか。

「二つの段階を考えています。一つはバスツアーなどで観光ツアーを企画・セールスし、観光客を誘致することです。地域鉄道は、鳥取では若桜鉄道のみですし、島根も1路線です。全国で91しかないという希少な観光資源でもあるわけです。

そのうえで、公共交通として機能するようにしたいと思います。それにはバスとの連携が必要です。交通政策基本法では、公共交通網形成計画を市町村がつくることになっていますから、この計画をよりよくしたい。ただし、それを先にやると鉄道の利益誘導と疑われてしまいます。ですから、まずは観光で実績をつくったうえで、粘り腰で取り組む考えです」

——地域活性化の具体策をお話しください。

「観光ツアーについてですが、鳥取砂丘や蟹《かに》などと組み合わせて、若桜に立ち寄っていただきます。また、ツアー客には観光農園や道の駅にも立ち寄っていただき、お金を落とす仕組みをつくります。たとえば山形鉄道では、ツアー客全員にさくらんぼの50円割引券を配りました。全員にバスのなかで説明をした結果、大きな売上となりました。ツアー客は呼び水と考え、若桜鉄道の口コミを広めてもらいます」

——若桜鉄道に魅力はありませんか。ほかの要素と組み合わせなければいけないのですか。

「大阪から3時間と近く、近隣には鳥取砂丘という大きな観光地があることがビジネス上の魅力です。観光ツアーは狭い地域に限定してしまうと、設定しにくいものですから、やはり組み合わせるべきでしょう。

そのうえで当地に立ち寄っていただき、四季がはっきりしていることや、地産の食材などを短時間にアピールします」

——当社の経営数値を見て、どのように思いましたか。

「人件費と修繕費が計画を大きく超えている一方、運輸収入は減って計画よりも大きく割り込んでいます。まず、なぜ計画と違っているのかを検証する必要があると思います」

――山田さんは若桜鉄道を、どうされたいのですか。

「日本一の地域鉄道にしたいです。住民の募金でＳＬを移設し、運転士の方が一人で修理してしまえるような鉄道ですから、可能性は十分にあります。私も全国の地域鉄道の経営者から優れたノウハウを教えていただいているので、それを活《い》かして日本一の地域鉄道にしたいのです」

好きなことを仕事にできる喜び

以上の一問一答が面接のすべてではありませんが、ともかく私は９月１日から公募社長に就任することが決まりました。あの日から２年が経過し、２期目に入ったことは前述したとおりです。

私は〝鉄ちゃん〟でも、車両が好きであるとか撮影が趣味なのではなく、もともと鉄道がなくなることに疑問を感じていました。地方ローカル線を廃止させないためにはどうすればよいのか、何が課題なのかを考えて〝乗り鉄〟のような学生時代を過ごしたのです。

だから表現を変えれば、「鉄道経営が趣味」とも言えると思います。その意味では若桜鉄道の社長を務められる今は、やりたいことをやっている。根本的に鉄道が好きですから、鉄道に関わっているというだけでモチベーションが湧《わ》きます。〝鉄ちゃん社長〟でよかった、と幸せを感じられるのかもしれませんね。

誰でもそうですが、仕事をしていれば、疲れたり辛《つら》かったり、嫌なことがあったりするでしょう。私も社長用の小部屋で「ああ、今日も疲れた。やってられないな」と一人、泣き言を言いたくなる夜があります。でも、部屋から出て若桜駅のプラットホームに立つだけで、「はぁー」と一息ついて和《なご》めるのです。好きな仕事でなければ、この感慨は味わえないと思います。

夜空には満天の星が輝き、手相が見えるほどの星明りが降ってきます。

3 地方だから、できること

——「地域活性化装置」を目指して

情と理——「地域」と「都会」の文化の違い

平成26年9月1日、若桜駅にある若桜鉄道本社で、社長としての初日がスタートしました。

私は東京から来た〝よそ者〟です。静岡の山奥で夏を過ごし、秋田で修業をしていたので、いわゆる都会と田舎の文化の違いに戸惑うことは、多くはなかったと思います。前述のとおり社長公募に際して、たくさんの地域の人たちにお話を伺い、気持ちをお聞かせいただいていたおかげもあります。〝よそ者〟と敬遠されるよりも、しばしば「よくまあ、東京から来てくれたもんだ」と温かく迎えていただけたのは本当にありがたいことでした。

たしかに地方の鉄道会社の零細企業ぶりや、アポなしの面会が当たり前のような地域の関係性にショックを受けはしましたが、馴染むのに時間はかかりませんでした。

私がちょっと驚いたのは、社内のカルチャーです。

若桜鉄道株式会社の正面入口。建物は若桜駅の駅舎で、すぐ右手が改札口

壁に掛けられた「予定表」を見て、「え？」と思いました。1カ月分の業務予定がカレンダー式になっているホワイトボードです。まず、全社の予定が1枚の予定表に収まってしまうことに目を疑いました。

そして書かれている内容が、たとえば「○月○日、△時　□□様来社」。空欄になっている日付もあります。私は思わず社員に尋ねました。

「ちょ、ちょっと待って。1日1件しか予定がないの？」

「はい、そうです。お客さんが1組です」

しかも2組いらっしゃる日があると、「今日は忙しいな」となるそうで、外資系企業での仕事の進め方に慣れ親しんでいた私には別世界でした。なぜかというと、以前の会社では1日に10件の会議が30分おきに入るなど普通だったからです。それも全社レベルではなく、個人単位でのことです。

また、その会議の招集はメールで行なうのが当たり前でしたが、こちらではメールをほとんど使いません。

「今度、こういう会議がありますから来てください」

と、案内状を手渡されます。

「へええ、地方のコミュニケーションは、デジタルよりも紙だとは聞いていたけれども、やっぱりそうなのか」

私は妙に納得したものです。メールが読まれることは少なく、物体としての紙に書いて渡さなければ、コミュニケーション自体がなかったことになってしまう。言葉よりも、形で思いが伝わる文化なのです。

そして、いざ会議になればなったで、理詰《りづ》めで話をすると発言者の感情がすれ違い、話が嚙《か》み合わないことも起きます。会議は意識を合わせる場であって、発言者の顔を潰《つぶ》すような発言は根回しの段階で終えておくべきことなのです。「鋭い質問や指摘はプランを強くする。遠慮なくどんどんやれ」と鍛えられる外資系の世界とは真逆です。「会議ではロジカルなやりとりをするべきだ」というのは都会の考え方なのだな、と実感しました。

地域社会では、生まれ育ちが同じで幼いころから見知り合った人たちが、何も言わなくても「分かっているよな」と、「阿吽《あうん》」の呼吸でことを運ぶ。個人の損得や個人責任よりも全体の意識が重視される。それで地域社会という共同体が成立してきました。損得感情抜きに人々が心一つに協力すると、ものすごいパワーを生み出します。

その反面、変化が激しい社会になると、地域や世代の間で考え方の違いも出てくるし、新しいことには抵抗が生じるので、意識を合わせることが難しくなり、動きがとりづらくなります。また、よそから来た人には理解がしづらいし、地域の人も「なぜそうなの？」と聞かれても説明が難しく、対話も嚙み合わなくなりがちです。

一方、都会ではさまざまな生い立ちや立場の人たちが、お互いの利益を生み出すように理詰めで考え、働きます。楽譜で音楽演奏を指示し、設計図でものづくりを伝えるように、誰でも分かる情報伝達や約束事が必須となります。理屈が通じないと対話もできません。多様な人が連携するので、過去にこだわらずどんどん変化します。その反面、感情が表に出せないため、辛くなる人も出てきます。

都会のビジネスでも感情は影響しますが、圧倒的に理屈が勝ります。都会では理屈が、地域では感情が優先される。この差があるので、やり方もまったく変わってくるのです。

都会の視点からすれば別世界であったとしても、地域の文化は簡単には変わりませんし、むしろ日本が持つ強さの根源として尊重すべきではとも思えます。東京からやってきた〝よそ者〟の私は、地域の文化を受け止めたうえで、時代に合わせて地域が稼げるように変化をつくり出すことになります。

理屈が通じず「だから田舎はダメなんだ」と見下してしまう人もいますが、そこから前には進めません。むしろ、そのような態度こそ見直すべきと考えます。多様性を認めたうえで、互いの良さを活かすように手を取り合うことが「共存」なのではないでしょうか。

しいて言えば、仕事の面にかぎっては「感情先行・阿吽」が通用しては困ります。現場、行政、管理者の間で、伝えるべきことがきちんと伝わるように心がけ、会議体も見直しました。風通しをよくしたのです。また、団体客ツアーの受付手順や情報共有が効率的に進むよう、手順を整えました。まだまだ会議では本音が出づらいのですが、稼げる会社にするには必要な段階なので、辛抱強く取り組んでいます。

「誰もが何でもやる」社内文化

社長に着任したときに、ある方から「徹底的に顔を売りなさい。そうしないと何もできませんよ」というアドバイスをいただきました。そこで最初の2カ月は挨拶回りに集中しました。

「こんにちは。このたび若桜鉄道にまいりました山田でございます」

商工会をはじめ、地域の団体に顔を出して話し込みます。ときには関西地区にも出かけました。関西八頭町会、関西鳥取若桜会といった、関西在住の地域出身者による親睦《しんぼく》団体の会合にお邪魔するのです。とにかく人に会い、話をして、自分の顔と名前を覚えていただくことに専念しました。

また地域の方々への挨拶回りとは別に、前章で少し触れた3セク協（第3セクター鉄道等協議会）の会合にも参加しました。3セク協には全国35社の第3セクターが加

若桜駅の一角には、さまざまなグッズが並んでいる

盟しています。そこでは鉄道経営に携《たずさ》わる人たちの、さまざまな苦労話を伺うことができました。そのなかで気づいたのは、「若桜鉄道は非常に恵まれている」ということです。

当初、社内の文化に驚いたと申しましたが、それは私が前職との違いに面食らったというだけであって、若桜鉄道には若桜鉄道なりの「社内文化」が確立されていたのです。

まず存続か廃止か、いわゆる「存廃論議」が繰り返され、厳しいコストカットも行なわれたため、社員はつねに危機感とコスト意識を持っていました。

「第3セクターは潰れない」と根拠のない過信をすることもなく、グッズなどの商品開発から販売まで頑張っています。これは会計上、営業外収益の「雑収入」と分類されるもので、会社の売上に貢献しようと努力しているのです。

次に、私の先々代にあたる経営者が、17人（当時）で仕事を回す組織と「誰もが何でもやる」文化をつくっていました。たとえば検修を担当する要員がいないため、運転士が車両の整備や検査も行なっています。それでも愚痴《ぐち》をこぼすことなく、和気藹々《あいあい》とたくさんの仕事をこなしています。ただ無理も生じているので、今後も改革は必要です。

それから、ＳＬの復元でご説明したとおり、高い技術力を身につけていました。これも「誰もが何でもやる文化」の賜物《たまもの》と思いますが、外注に出すお金の余裕がないので、自分でやるしかなかったのです。その結果、ＳＬを2カ月で空気駆動化してしまったり、老朽化した３００本の枕木を短期間に手作業で交換したりと、驚かされることしきりでした。

ほとんどすべての作業を自前で行なえるため、コスト面で助かるとともに、企業経営について回る労使間の問題に頭を悩ませることもありませんでした。私から社員に「もっと働け」「勉強しろ」と命令するような場面はなく、むしろ「身体に気をつけて無理をしすぎないでくださいね」と気を遣《つか》うほどです。

私が着任したころは、すでにコストダウンが徹底されていましたから、辛い人員整理や嫌われるコストカットをせずにすみました。また、技術に素人である社長が技術陣とやり合って、安全とコストのバランスを取る苦労もなかったのです。経営環境の厳しさは日本随一ですが、意識の高い社員に恵まれていたのです。だからこそ若桜鉄道は何度も危機を乗り越えて、生き残ってきたのだと思えます。

沿線の地域には「危機感」があった

恵まれているという点では、地域の人たちにも恵まれています。若桜鉄道の社長に応募する際、沿線を回って話を聞くなかで「地域が寂れないために鉄道を残したい」という声に感銘を受けたことは前述しました。その言葉どおり、郷土と鉄道に対する危機感を地域の人たちも共有していたのです。

過疎化と高齢化が激しく進む地域です。平成28年7月1日現在、若桜町の人口は3468人。この数字は約40年で人口が半分に減ったことを示しています。昭和50年には6989人が住んでいました（国勢調査から）。また現在、全人口のおよそ3分の1が65歳以上の高齢者です。このままでは5年後に3000人を割ると推計され、鳥取県では最初に消滅する可能性が高い自治体とも指摘されてしまいました（日本創成会議・人口減少問題検討分科会の発表／平成26年5月）。

つまり若い世代が流出してしまう。それは雇用が生まれないからです。産業が衰退し、稼げない。稼げなければ子育てもままならない。だから外へ出てゆくという負のスパイラルです。

「はじめに」で若桜鉄道の沿革を簡単にご紹介しましたが、鉄道がいかに地域と結びついていたかを知っていただくため、ここで補足させてください。

鉄道省若桜線は、大正12年（1923）に建設計画が策定されました。開業する昭和5年の7年前ですね。当時の「若桜線建設概要」には、次の記述が見られます。

> 本線ハ地勢概《おおむ》ネ平坦ニシテ短区間ナルヲ以《もっ》テ特筆スベキ名勝都邑《とゆう》ナキモ終端ナル若桜ノ奥地ニハ豊富ナル森林アリ、全通ノ暁《あかつき》ハ運輸ノ便ニヨリ林産物増加シ地方開発ト相俟《あいま》チテ良好ノ栄養線タルヲ失ハズ。

「豊富ナル森林」の「林産物」を「運輸ノ便」でたくさん運び、「地方開発」も期待できる。この記述どおり、開業後は杉の輸送に活用されました。若桜の杉は皇居豊明《ほうめい》殿《でん》の天井板に使われているそうです。林業が栄え、一時は1万人近くの人口を擁《よう》していたのです。

ところが戦後、主軸の林業はもとより農業、工業も衰退します。貨物輸送を担《にな》ってきた鉄道には大打撃です。同時に産業が衰退すれば就業人口も減りますから、ダブルパンチ。そこにモータリゼーションの発達（自動車の普及と道路整備）という追い討ちです。貨物も旅客も鉄道輸送が減少しました。鉄道経営の悪化と地域の過疎化は不可分の関係で進んだのです。

「鉄道がなくなると地域が寂れる」という危機感は、こうした歴史から生まれてきたのではないでしょうか。

経営危機を救った住民力

実際、昭和49年（１９７４）10月には貨物の営業がなくなりました。以後、地域の危機意識は高まり、昭和55年１月、沿線の自治体が結集して「国鉄若桜線継続運行対策協議会」が発足します。「みんなで若桜線に乗ろう」という運動が始まりました。しかし乗車運動もむなしく、「はじめに」でご説明したように第１次廃止対象特定地方交通線に指定されてしまいます。昭和56年（１９８１）９月18日のことです。

この決定を受けて、「若桜線特定地方交通線対策協議会」が組織されました。廃止を受け入れてバスに転換するのか、鉄道を残す経営改善策を講じるのかを協議する場です。そして６回の会議を経《へ》たうえで、昭和61年10月７日、第３セクター方式を採《と》ることが決まりました。その後は第３セクターへの対策準備会も結成され、翌昭和62年８月の会社設立登記、10月の運行開始に至ります。

しかし、第３セクターとして新たな船出をした若桜鉄道株式会社の経営は、国鉄時

国鉄時代の若桜線。3両の客車をディーゼル機関車が牽引する（1981年）
時事

代と変わらず厳しいものでした。営業開始以来、コストが収入を上回り、毎年の収支は数千万円の赤字です。

実は第3セクターの鉄道会社には、設立の時点で「特定地方交通線転換交付金」が国鉄清算事業団を通じて支給されていました。各鉄道会社はその交付金や、自治体など株主の出資金を経営の原資にしたのです。基金としてプールし、初期投資や赤字の補塡《ほてん》に回したり、金利収入を得るための運用をしたりと、活用してきました。

けれどもバブル崩壊で、日本経済は低金利時代に入ります。すると、当初あてにしていた金利を得ることができなくなりますから、経営計画を見直さなければなりません。これは当時、どの第3セクターにも共通した課題だったようです。資産運用の成果が上がらないうえに本業での赤字が続けば、企業はどうなるでしょうか。

そうです。そのうち原資が底を突き、設備投資もできないまま倒産の危機に直面します。鉄道会社にかぎったことではありませんが、若桜鉄道もその例に漏れず、平成17年（2005）に存廃論議が持ち上がり、住民会議が開かれました。鉄道は廃止して、バスに置き換えるべきではないかという議論です。

存続が困難になった企業は、撤退するしかありません。それが市場の冷酷な原理です。設立から18年、若桜鉄道がなくなる——。

しかし、このときも危機を救ったのは「住民力」でした。鉄道がなくなると地域が寂れる。だから鉄道をなくさない。「鉄道への愛着」という言葉だけでは表わしきれない強い思いが住民会議を制し、若桜鉄道は存続が決まりました。

若桜谷の人たちは、継続的に鉄道への関心を持ちつづけていらっしゃることが多いように思えます。一般的に旧国鉄の廃止対象線区では、第3セクターへの転換が議題に上《のぼ》ると、そのときは「みんなで乗って鉄道を残そう」と運動をするものの、実際に第3セクターができたとたん、「ああ、もうこれで大丈夫だ」と、以後の運動が盛り上がらないケースがほとんどでした。

それが昭和61年、62年のことですから、当時の運動の中心を担っていた人たちは高齢化し、次世代が育っていません。その点、若桜鉄道の場合は何度となく廃止の危機に見舞われ、地域の人たちの意識の継続性も高かった。だからこそ募金でSLを移設したり、走行社会実験でも「よっしゃ、やろうや」と乗ってきてくださったりしたのだと思います。

『日本書紀』に記された「若桜」とは

そんな地域の人たちを育《はぐく》んだ歴史や風土とは、どのようなものなのでしょうか。私は理系出身で、その方面についてはい心許《こころもと》ないのですが、ちょっと「ブラタモリ」

ふうにご案内してみましょう。

最初は……なんと！『日本書紀』からです。巻十二「履中《りちゅう》天皇即位前紀」に「若桜」の名が登場します。

三年の冬十一月の丙寅《ひのえとら》の朔辛未《ついたちかのとのひつじのひ》に、天皇《すめらみこと》、両枝船《ふたまたぶね》を磐余市磯池《いはれのいちしのいけ》に泛《うか》べたまふ。皇妃《みめ》と各《おのおの》分《わか》ち乗《の》りて遊宴《あそ》びたまふ。膳臣余磯《かしはでのおみあれし》、酒《おほみき》献《たてまつ》る。時《とき》に櫻《さくら》の花《はな》、御盞《おほみさかづき》に落《おちい》れり。天皇《すめらみこと》、異《あやし》びたまひて、則《すなは》ち物部長眞膽連《もののべのながまいのむらじ》を召《め》して、詔《みことのり》して曰《のたま》はく、「是《こ》の花、非時《ときじく》にして來《きた》れり。其《そ》れ何處《いどこ》の花ならむ。汝《いまし》、自《みずか》ら求《もと》むべし」とのたまふ。是《これ》に、長眞膽連《ながまいのむらじ》、獨《ひとり》花を尋《たづ》ねて、掖上室山《わきのかみのむろのやま》に獲《え》て、獻る。天皇、其の希有《めづら》しきことを歡《よろこ》びて、即《すなは》ち宮《みや》の名《な》にしたまふ。故《かれ》、磐余稚櫻《いはれのわかさくらの》宮《みや》と謂《まう》す。其れ此《こ》の縁《ことのもと》なり。是《こ》の日《ひ》に、長眞膽連の本姓《もとのかばね》を改《あらた》めて、稚櫻部《わかさくらべの》造《みやつこ》と曰《い》ふ。又《また》、膳臣余磯《かしはでのおみあれし》を號《なづ》けて、稚櫻部臣《わかさくらべのおみ》と曰ふ。

（『日本古典文學大系』岩波書店）

池で舟遊びをしていた履中天皇の杯《さかずき》に桜の花びらが落ちてきた。季節はずれの桜なので、どこの花か探してきなさいと命じたところ、お付きの者が近くの室山で見つけ、献上した。天皇は喜び、宮の名を「磐余稚櫻宮」とし、お付きの者にも「稚櫻」の姓を賜《たまわ》った――ということらしいです。ここに出てくる「稚櫻」が「若桜」なのですね。

履中天皇といえば第17代の天皇で、諸説ありますが、即位は西暦４００年。ということは、この『日本書紀』の出来事は４０２年です。１６００年以上も昔ですか。とにかくこれ以後、稚櫻部＝若桜部の姓が生まれ、その一族が各地に広がり、平安時代にはここ若桜にも住みついたことから地名となった、ということだそうです。

若桜は古来、交通の要衝《ようしょう》でした。八東川が形成した谷の最も幅が狭いエリアである山際《やまぎわ》に位置しますが、街道の分岐点でもあったのです。「Yの字の根本」と言えば、イメージが湧《わ》くでしょうか。

一つは現在の国道29号線で、昔は「播磨道《はりまみち》」（播州街道《ばんしゅう》）と呼ばれ、山陰から姫路《ひめじ》方面へ出る街道です。もう一つ、若桜から氷《ひょう》ノ山《せん》を越えて但馬《たじま》、丹波《たんば》へと向かうルートがありました。こちらは「伊勢道《いせみち》」という名です。

京都府福知山《ふくちやま》市に「元伊勢」として知られる皇大《こうたい》神社や豊受《とゆけ》大神社があります。元伊勢とは、伊勢神宮が現在の地に遷宮《せんぐう》するまで一時的に鎮座したという伝承を持つ神社のことです。若桜から山越えで行く伊勢道は、この元伊勢に通じていました。参詣客は元伊勢をお参《まい》りしてから、三重の伊勢神宮へ足を延《の》ばしたということです。


このような陸路の要衝ですから、鎌倉時代の正治《しょうじ》2年（1200）には鶴尾山《つるおのやま》という山にお城が築かれました。若桜鬼《おに》ケ城《じょう》です。今も城跡には石垣などが残り、国指定史跡になっています。鎌倉時代から戦国時代へと城主は何度も入れ替わりますが、若桜鬼ケ城で歴史のトリビアは、羽柴秀吉《はしばひでよし》（豊臣《とよとみ》秀吉）の鳥取攻めでしょう。〝史上最悪の兵糧《ひょうろう》攻め〟と言われる天正《てんしょう》9年（1581）の鳥取城攻略戦です。

秀吉軍は姫路城から出陣し、播磨道を北上しました。したがって若桜を経由しますね。ここで秀吉は若桜鬼ケ城を鳥取攻めの一つの拠点とするため、攻め落とそうとしましたが、なかなか落ちない。おかしいなと思ったら、若桜鬼ケ城の裏口が開いていたという話もあります。それはともかく、戦国時代から江戸時代になり、元和《げんな》3年

（1617）に一国一城令で廃城となりました。
つまり若桜は城下町であり、お城がなくなってからも、二つの街道を往来する人たちをもてなす宿場町として栄えたのです。

若桜は奥まった谷の町ですが、さらにその奥に5カ所の谷筋があって、その谷筋ごとに特有の方言があるなど、風土的に面白い土地柄です。街道の往来がさかんで、いろいろな人が集散したからかもしれませんね。

神話と伝承の里

若桜町の紹介に続いて、八頭町にまいりましょう。若桜鉄道の郡家 - 若桜間、全9駅のうち、若桜駅を除く8駅をカバーするのが八頭町です。若桜から鳥取へ向かうときに通過するということからか、地域の人たちは「とりたてて何もない町ですよ」とおっしゃるのですが、そんなことはありません。

最初にご案内するのは、八東駅から4㎞ほど離れた谷筋にある清徳寺《せいとくじ》です。かの行基《ぎょうき》が和銅《わどう》2年（709）に創建したという古刹《こさつ》で、ここには後醍醐《ごだいご》天皇にまつわる伝承が残されています。

第96代の後醍醐天皇は鎌倉幕府を倒そうとして失敗し、隠岐《おき》に流されました。しかし元弘《げんこう》3年（1333）、脱出して京都へ戻ります。その途中に身を寄せたのが、この清徳寺だと伝えられているのです。境内《けいだい》には、後醍醐天皇お手植えという大きな銀杏《いちょう》の木がありますよ。

次は郡家駅の東、車で20分ほど走った山の奥に、第81代安徳《あんとく》天皇のお墓とされる上《うえ》岡田《おかだ》五輪塔群があります。

歴史の教科書には文治《ぶんじ》元年（1185）、わずか8歳のときに壇《だん》ノ浦《うら》で亡くなったと書かれている安徳天皇ですが、平家の落人《おちうど》伝承とともに、生き延びたという言い伝えが全国各地に点在していますね。上岡田五輪塔群もその一つで、鳥取側に上陸した安徳天皇の一行が谷筋を伝ってきた。そしてこの地で没したというのです。現在は近くに「安徳の里　姫路公園」が整備され、バーベキューやキャンプをお楽しみいただけます。

このほかにも国指定重要文化財の持国天像《じこくてん》と多聞天像《たもんてん》を所蔵する青龍寺《せいりゅうじ》や、延喜式《えんぎしき》に名を残す大江《おおえ》神社など、古いものがたくさん残っています。何しろ、ここは因幡《いなば》の国の真ん中で、天照大神《あまてらすおおみかみ》の道案内をしたという白兎《しろうさぎ》の伝説が今も息づいている地なのですから。八頭町には白兎《はくと》の名がつく神社が3社あります。

郷土のために立ち上がった人

また、ユニークな人物を輩出した地でもあるのです。

郡家駅の周辺は高台になっているため、水利の面で不便でした。「こおげ」とは川から離れた台地のことで、郡家も昔は「河下《こおげ》」という書き方だったそうです。そこに江戸時代、一人の豪農が現われます。安藤伊右衛門《あんどういえもん》。庄屋さんですね。

伊右衛門は水不足を解消しようと、全私財をなげうって水路の開発に乗り出しました。文政《ぶんせい》3年（1820）のことです。八東川から水を引く大工事で、途中ではトンネルも掘りました。およそ10㎞の灌漑《かんがい》用水路が完成した結果、高台は潤《うるお》い、新田も開発されたのです。その水路は「安藤井手《いで》」と名づけられ、今も豊かな水量を運んでいます。ただ莫大《ばくだい》な工事費をすべて伊右衛門一人が負担したため、安藤家は破産してしまいました。

もう一人、注目していい人物がいます。こちらは庄屋さんではなく農民です。江戸時代の元文《げんぶん》4年（1739）、鳥取藩最大と言われる百姓一揆《ひやくしよういっき》が起きました。リーダーの名から「勘右衛門《かんえもん》一揆」（勘右衛門騒動）と呼ばれます。凶作に苦しむ農民が年貢《ねんぐ》の軽減などを願い出ても、藩は何の対応もしなかったことから総勢5万人の農民が蜂起《ほうき》した、と記録にあります。当時の鳥取藩の人口からすると、6分の1にあたるそうです。

農民たちは、藩に代わって年貢を取り立てる大庄屋の屋敷を襲撃し（打毀《うちこわし》）、鳥取城下へ押し寄せて陳情するのですが、すぐに鎮圧されてしまいました。リーダーの勘右衛門は獄門晒《ごくもんさら》し首《くび》に処せられます。それでもこの一揆によって藩の行政責任者が罷《ひ》免《めん》され、農民の要求が一部聞き入れられるなど、一定の成果を挙げています。

勘右衛門は東《ひがし》村（現・八頭町東）の生まれで、地元に尽くした人物です。八東川の水害を防ぐため、６００ｍほどの土手を築きました。また、この土手にニラを植えました。飢饉《ききん》対策です。ニラは今も自生しており、地域の人たちが結成した「勘右衛門土手ニラ保存会」が、勘右衛門ゆかりのニラを使った「世直し餃子」を開発しました。鳥取ご当地グルメの一つですね。勘右衛門土手は徳丸《とくまる》駅から徒歩20分ほどです。

伊右衛門と勘右衛門、生きた時代も家柄も異なる二人ですが、共通することがあります。それは、身を捨てても地域のため、人のために尽くす覚悟だと思います。

日本で最初の都市計画

——ふたたび若桜に戻ってきました。町を歩くと城下町、宿場町の面影を感じ取ることができるはずです。

基本的な町割りや今も残る7本の水路は、若桜鬼ケ城の最後の城主、山崎氏（家盛《いえもり》と家治《いえはる》の2代）の時代に造られたそうで、古い木造建築や白壁の土蔵が往時を偲《しの》ばせてくれます。とくに町のあちこちを流れる水路が、風景に表情を与えてくれる気がします。

でもこの町は一度、大火に見舞われて、ほとんどが焼き尽くされたのです。明治18年（1885）5月でした。

その教訓から、防火・防災を重視した復興計画が立てられます。「八東郡若桜宿宿内議決書」が議決され、町を整備することにしました。これは日本で最初の都市計画と言われます。現在、散策でお楽しみいただける街並みは、この計画に基づいて整備されたのです。

若桜駅を出て、まっすぐ1～2分歩いていただくと、すぐ大きな通りに突き当たります。これが「仮屋通り《かりや》」です。「仮屋」とは「庇《ひさし》」を意味するそうで、雪国の町に見られる雁木《がんぎ》と同じ機能を持ちます。

大火後の都市計画で「家は道路端から1丈《じょう》1尺《しゃく》（3・3m）控えて土台を造ること」と「その土台から4尺（1・2m）の仮屋を付け、2尺（60㎝）の川を付けること」が決められました。その結果、広い道幅の両側に水路を伴うアーケードができあがったわけです。

水路は防火用水の役割を果たし、仮屋のおかげで町の人は雨の日も雪の日も傘を差さずに歩くことができました。古い小唄が伝えられています。

「若桜よいとこ　太鼓《たいこ》の町よ　裏も表も　川ばかり」
「若桜よいとこ　雨の日も　カリヤ伝いに　傘いらぬ」

現在の仮屋通りを歩くと、家屋の改築などのためアーケードは途切れ途切れになっていますが、往年の姿のままの民家を何軒も見ることができます。昭和初期には仮屋が８００ｍも連なっていたとのことです。

また、仮屋通りの一筋裏手――若桜駅を背にしますと、仮屋通りに出る手前の左手は「蔵通り」と「寺通り」と呼ばれています。これも明治の大火の教訓を活かした都市計画の産物で、土蔵以外の建設が禁じられたのです。土蔵は仮屋通りに面する商店のものがほとんどだそうですが、石積みの土台と瓦葺《かわらぶき》の屋根が義務づけられた土蔵を20も連ね、防火帯としたわけです。

その土蔵群と道を挟んだ反対側に、蓮教寺《れんきょうじ》、正栄寺《しょうえいじ》、西方寺《さいほうじ》と、お寺さんが並びます。突き当たると寿覚院《じゅかくいん》です。こうした寺院にも都市計画が適用され、本堂や庫裏《くり》は通りから16間（約29ｍ）離れて建てることが決められました。こうすることで類焼防止を図ったのですね。

――このように沿線を見てまいりますと、観光資源に事欠かない地域であることがお分かりいただけるのではないでしょうか。私も着任して地域を歩き回り、歴史や文化、風土を教わるなかで、日に日に認識を新たにしました。

若桜町の蔵通り。明治の大火の教訓から、土蔵群を防火帯とした
時事通信フォト

地域活性化装置になろう

——潜在的なポテンシャルを持つ観光資源があるのだから、鉄道会社は観光で稼ぐということにもっとアプローチすべきではないのか。それによって利用客を増やしつつ、沿線地域のお役にも立てるのではないか。

そんな考えから企画したのが、観光列車「若桜谷観光号」です。社長に就任して2カ月後の平成26年11月3日、観光列車は走りだします。

観光列車についてご説明する前に、地域と若桜鉄道が置かれていたそれまでの環境を今一度、整理します。

若桜鉄道が社長を公募した背景には、2期連続の赤字という財務状況が大きかったことは事実です。ではなぜ経営が悪化したのか。最も大きな理由は定期利用者、つまり定期券を買ってくださるお客様が減ったことです。

鉄道経営には変動費がほとんどなく、固定費ばかりです。切符の売れ行きが上下しても変動するコストは紙ですから、さほど変わりません。ということは、お客様が減り収入が減った分が、そのまま全額赤字になるわけです。

お客様が減る原因は二つあります。前にも申しましたが、一つは過疎化で沿線人口が減っていること。そしてもう一つがモータリゼーションの発達です。自動車はどんどん発展しているのに、鉄道のほうは全然サービスレベルが上がっていない。列車の本数は増えていませんし、車両のインテリアがよくなったわけでもありません。30年以上も何も発展していない鉄道と、日進月歩で発展している自動車とでは当然、差が出ます。鉄道が負けるわけです。

実は自動車が発展する前に、道路を整備しています。それには「沿線の産業が衰退しているので公共工事を入れなければならない」という理由がありました。道路をつくることが目的だったのです。結果的に、自動車がたくさん増えます。

日本の地域社会が共通して抱える問題が、ここにあると思います。

「人が乗らないのだから、鉄道を利用するようにもっと促《うなが》しなさい」と必ず言われます。それは大事なことなのですが、では「鉄道に乗ってください」と言って利用促進をするだけで、地域が稼げないという問題が解決できるのでしょうか。私は「できない」と断言します。自動車に比べて不便な鉄道を、改善せずに「使ってください」とだけお願いしても、「冗談じゃない」と返ってくるでしょう。

地域では稼げない、職場にも通勤しづらい。だから若者が流出する。若者が出て行けば生まれる子どもの数も減ってゆく。そして時代の変化に追いつけなくなり、さらに稼げなくなる。こうした悪循環が、ぐるぐると回っています。

鉄道はおろか地域が消えそうなのです。「地域が寂れないために鉄道を残したい」という熱い言葉をたくさんいただきました。地域活性化の期待に鉄道が応《こた》えられなければ、鉄道を残す理由も意義も失われますし、地域が消えたら鉄道も残れません。

そうであるなら、鉄道存続のために地域にただ依存するのではなく、鉄道が「地域活性化装置」になるしかありません。

そこで鉄道会社ですから、鉄道にできることは何かと考え、到達した一つが観光で稼ぐことでした。これなら鉄道も役立つのではないか。また、変化に対応できないのであれば、私のような者がよそから来たのだから、新しいことを企画していけばいいのではないかと思ったのです。

若桜鉄道は、若桜谷と鳥取市の中心街を結んでいる鉄道です。ということは、鳥取

鳥取駅で出発を待つ「若桜谷観光号」。土、日、祝日に運行される

市の方々が観光に訪れていただくという「需要」をつくる。同時に、谷の人たちが通勤、通学、買い物、行楽に鳥取市内へ出て行くという「事」をつくることもできる。自動車では集団で飲み食いしながら移動することはできませんが、鉄道なら席の移動も自由にできる。ただ「乗ってください」と言っても、目的がなければお客様は乗りません。

お客様の「目的」として若桜谷の観光をフレームアップし、「若桜谷観光号」を走らせることにしたのです。

鳥取市は立地的に便利で、空港（鳥取砂丘コナン空港。『名探偵コナン』の作者、青山《あおやま》剛昌《ごうしょう》さんが鳥取県出身）からバスで20分、京阪神からは列車でも高速道路でも2時間圏です。つまり若桜鉄道を利便性よく鳥取市につなげば、京阪神、さらには首都圏ともつなぐことができます。そこには大きな市場が待っています。

先に申しますと、現在「若桜谷観光号」のお客様は、7割が地域の方ですが、3割は京阪神や関東の方々にお乗りいただいているのです。

「方言ガイド」と「女性アテンダント」をヒントに

「若桜谷観光号」は基本的に土、日、祝日に運行する定期観光列車です。とはいえ、車両に特別な仕掛けをしているわけではありません。普通の車両にアルバイトのガイドさんが乗っているだけです。ガイドさんがマイクで観光案内をします。

何しろ小さな会社ですから、お金をかけられません。それが大前提でした。ヒントをいただいたのは公募社長の先輩方がいらっしゃる第3セクターです。

山形鉄道（フラワー長井《ながい》線）では、車掌さんの「方言ガイド」が観光客に大人気でした。

「今日は皆さん、わざわざとがく（遠く）から、うぢの田舎の、山形の汽車さ乗りさ来ていただきまして、おしょうしな（ありがとう）」

という具合に、置賜《おきたま》弁という山形南部の方言で観光案内をするのです。

もう一つ、私が「ITアドバイザー」を務めさせていただいた秋田の由利高原鉄道が、女性アテンダントを乗せた列車を毎日1往復運行しています。「まごころ列車」

というネーミングで、秋田おばこ姿のアテンダントさんが方言を交《まじ》えて観光案内し、お客様の乗降補助や車内販売なども行なうという列車です。

私が「すごいな」と思ったのは、お客様が乗っていようと、乗っていまいと、やり続けていることです。列車として定着させようという執念が見えますし、そうすることで、全国で販売される時刻表にも掲載されるのです。

実績があって、お金も大してかからないのなら、真似《まね》しない手はありません。そうして観光列車を立ち上げたのです。若桜谷は観光に行く場所だというイメージづくりであり、そのプラットフォームに観光列車はなり得るのではないか。

方言ガイドも女性アテンダントもそうですが、そこにエンターテインメントがあれば、ハードがなくても、お客様は楽しんでくださいます。

観光列車を立ち上げるときには、もちろん地域の人に知っていただく必要があります。事前宣伝ですね。そこでガイドさんのオーディションを開きました。オーディションの模様をメディアに公開し、最終的には「実技試験」と称して、実際に列車の中でガイドするところも取材していただきました。

「若桜谷観光号」の車内では、観光ガイドなど地元のスタッフが乗客をもてなす

このときの列車でのオーディションは話題を呼び、運行開始の日には鳥取駅でのテープカットに平井知事もお越しになりました。またこの日は、ちょうどJR西日本鳥取鉄道部のイベントとも重なったおかげで、本来はそちらに出演するタレントさんが「若桜谷観光号」の出発合図も出されるなど、当社はほとんど〝相乗り〟です。

若桜鉄道が投資した金額はガイドさんへの謝礼と、車両に付けるサボ（行先表示板）のステッカー代です。サボは1500円でした。

「こんなに低いコストでいいのかな」とは思いましたが、地元メディアに大きく取り上げられ、次第に定着していきました。

ガイドをしてくださるのは地域の大学生や主婦、お寺のご住職と多士済々《たしせいせい》です。出発前には沿線ガイドブックを差し上げたり、「どちらからいらっしゃいましたか」など声をかけながらアンケートを取らせていただいたりしていますよ。

実は、この観光列車には次なる企画がありまして……いや、それは次章のお楽しみにとっておくことにしましょう。

体力のない地域が観光を始めるには

たとえば地域の商店や飲食店は、自動車を相手にしていると、いつ駐車場にお客様が入ってくるか予測ができませんね。朝から晩までお店を開けていても、ポツンポツンとしか来てもらえない。しかし鉄道の観光列車で、お客様が「この列車は楽しい」と乗ってくだされば、駅の到着時間からお客様の来店時間をピンポイントで絞《しぼ》ることができます。

つまり鉄道会社は「１日10分でもいいですから、お店を開けてください」とお願いできますし、お店の側も効率的です。

この「観光客は○時の列車に乗ってきます。だからお店を開けてください」とアナウンスする考え方は、ＪＲ東日本の「リゾートしらかみ」から着想しました。

以前、「リゾートしらかみ」に「蜃気楼《しんきろう》ダイヤ」と呼ばれる列車がありました。平成11年（１９９９）から17年まで運行された臨時快速「リゾートしらかみ３号」です。この列車は秋田駅から奥羽《おうう》本線の東能代《ひがしのしろ》駅へ行き、五能《ごのう》線に入ります。途中、あきた白神《しらかみ》駅、十二湖《じゅうにこ》駅、ウェスパ椿山《つばきやま》駅の3駅に停車した後、深浦《ふかうら》駅に到着。乗客はそれぞれの駅で下車し、観光を楽しむわけですが、不思議なことに観光を終えた乗客が駅に戻ると、乗ってきた列車と同じ列車が、同じ方向から現われる。それが「蜃気楼ダイヤ」と名づけられた理由です。

種明かしは簡単で、深浦駅に到着した列車は逆方向に進み、途中の3駅を通過してから、また折り返して3駅に停車しながら深浦駅までやってくるというわけです。それぞれの駅では、列車の時刻に合わせて観光バスを接続させるツアーを組んだり、イベントを開催したり、露店を出したりしました。そこで乗客がお金を落としてくれるのです。

こうすれば、体力のない地域でも観光が始められるという考え方です。観光客が消費活動を行なう時間とエリアを鉄道によって集中させる。拠点駅発着の観光をプラットフォーム化して、そこからじわじわと広げてゆくという考え方です。ちなみに「蜃気楼ダイヤ」は今年（平成28年）7月に、2日間だけ復活しました。五能線の全線開通80周年記念の臨時列車です。

「若桜谷観光号」はSL走行社会実験に先立って始めたものですが、社会実験の終了後もお客様を呼び込み、現在は「Gバス」というツアーも「遊覧列車」として利用しています。「Gバス」の「G」とは、鳥取因幡を「Guru.i」(ぐるり)めぐる「Good」なバスツアーということで、鳥取市観光コンベンション協会が運営しています。

鳥取駅から観光バスで郡家駅へ向かい、そこから「若桜谷観光号」にご乗車いただきます。若桜駅での構内見学の後は、ランチをはさみバスで砂の美術館や砂丘を観光、最後は鳥取駅と空港までお送りするというのが基本コースです。10月から12月までの毎週日曜日に運行されます。

デパートへ買い物にGo!

観光列車を走らせる1日前の平成26年11月2日、「若桜谷お買い物列車」が若桜駅から鳥取駅に向けて発車しました。

「若桜谷観光号」の、鳥取市内から若桜谷への観光という「目的」に対して、こちらは若桜谷の人たちが鳥取市内へ買い物に出かけるのが「目的」です。2日間の特別列車として翌日も運行しました。

JR鳥取駅前のデパート「鳥取大丸《だいまる》」の方に「一緒にやろうよ」と声をかけていただいたことから誕生した企画です。この2日間は鳥取大丸と、鳥取駅のショッピングモール「シャミネ鳥取」が共同で「とっとりえきなか・えきまえオータムフェスタ」というイベントが開催されることになっていました。これに若桜鉄道もジョイントしようと、またも〝相乗り〟です。

やはり外部に協力者がいると、企画の実現性が高まりますね。この点で鉄道会社は有利だと思います。小さな会社でも企画を提案すると、「鉄道がやるとおっしゃるのなら、うちもやりましょうか」と言っていただくことが、けっこうあります。

もっとも私は真面目な人間ではなく、何でも楽しくやりたいというタイプなので、最初はどんな方とでもバカ話から始めてしまいます。いつも「何か面白いこと、ないかな。できないかな」です。

大丸の方とお話しするときも、こんな調子でした。

「デパートに買い物に行くといっても、車で行く人が多いし、どうすれば列車に乗ってもらえるかなあ……そうだ、お酒を飲むようにしましょうか」

「？？」

「お弁当を買ったお客さんには、ビールをプレゼントするとか」

「ああ、それでしたら在庫のビールがありますから、それを景品にできるかもしれませんね」

こちらから「こんなこと、できませんか？」と投げかけることで、「それならこういうタネがありますよ」とキャッチボールができて、そのキャッチボールから企画が膨《ふく》らんでいったりするのです。

我ながら無茶な提案をしたものだとは思います。

「ネットの通販だって、5000円以上買えば送料無料なのですから、デパートでも同じようにしてくださいよ」

「ええ?」

「デパートさんは人材豊富でいいですよね。じゃあ、お買い物列車の日はコンシェルジュを出せませんか」

「えええー」


とかなんとかキャッチボールをしているうちに、先方が乗ってきてくださることもあります。その範囲で企画の細部をまとめていく。おかげで「コンシェルジュ企画」は実現しました。お買い物列車が鳥取駅に到着するのは午前9時25分です。わずかな時間ですが、開店前の鳥取大丸を、特別仕立てのコンシェルジュが列車のお客様を連れて案内してくださいました。

社長であり、小間使いでもある

私は外部の協力者に、いつもお願いしています。

「当社は人とお金がありません。ですから、お客様の募集や景品提供などに関しては御社にお願いします。そのかわり当社は、たとえば駅のホームで発表会を企画するとか、広報とかの面で協力できますから」

普通なら、これを「ギブ・アンド・テイク」とまでは言えませんね。テイクの「テ」くらいのところで止まっています。ただ、鉄道が絡《から》むと報道もされやすいというメリットがあるため、どうにか協力をいただいています。

企画や営業折衝も社長が現場に出向くのか、と言われそうですが、零細企業なので私は社長兼営業兼営業企画兼小間使いです。社員は列車を動かすことで精一杯ですから、それでいいと思っています。

協力者といえば、期間限定、1日10食、完全予約制で販売した「2985（ニクバコ）駅御膳《ごぜん》」をご紹介しましょう。郡家駅前にある「こおげの夢豆庵《むとうあん》」のオーナーシェフに開発をお願いしました。
「若桜谷の最高の食材を、一つのテーマをもって地元の料理人が多彩に創作し、列車内で提供する」がコンセプトです。「２９８５」には、価格（２９８５円）と「肉が満載の箱」と「若桜鉄道開業85周年」の意味が込められています。鹿肉のロースト、鹿肉のしぐれ煮、煮豚、とりめしなど、16品のフルコースを列車内もしくは若桜駅構内で食べていただこうと、大きな木箱に盛りつけたもので、「駅弁」ではなく「駅御膳」としました。

とにかく地域の最高の食材がたくさん集まりました。完成した「２９８５御膳」を見て、「この谷は食材の宝庫ではないか」と、私も驚いたくらいです。試作を重ねていただいた結果、駅弁を超えた高級な駅御膳が完成したのも、こちらのお願いに「分かりました。つくりましょう」とオーナーシェフが協力してくださったからです。打ち合わせた段取りどおりに行かず、何度も危機を迎えましたが、「夢豆庵」さんの頑張りと社員の理解や八頭町観光協会の協力で、なんとか形にすることができました。

スキー場の「鳥取わかさ氷ノ山ゲレンデ」にもご協力いただいています。ゲレンデは若桜駅からバスで20分。鉄道会社としては冬場の乗客が少ない時期ですから、スキー客に鉄道での移動を促したいわけですが、多くのスキーヤーは自動車で行ってしまいます。

そこでスキー場と折衝し、最初は運転免許のない中高生に向けて「若桜鉄道に乗って氷ノ山スキー場へ行こう」と呼びかけ、鉄道利用者にはスキー板のレンタル料が1000円引きになるキャンペーンを打ちました。利用客の減少に悩むスキー場からは喜ばれ、当社も輸送を増やすことができたのです。

続けて「リフト券も売りたい」とお願いしました。若桜鉄道でリフト券とレンタルスキー（またはレンタルスノーボード）をセットにしたパックをつくり、販売したのです。これも当方のお願いを聞き入れ「やっていいですよ」と応じてくださったおかげです。

広域観光圏への夢

社長に就任して2年が過ぎても、まだまだ手さぐりで、鉈《なた》で藪《やぶ》を切り開いているような状態です。ただ基本的に、やはり鉄道ができることとして、まずは観光に重心を置くべきではないかと考えています。

そのためには広域観光圏をつくらなければなりません。そうしないと宿泊需要に結びつかないからです。

若桜は県境に接している町です。県境の向こうは兵庫県です。ということは兵庫県と一体になった広域観光圏をつくれれば、新しい多様な魅力が生まれます。そのなかで若桜鉄道がルートの軸になるという方向を、実は目指しています。鳥取市に1時間で直通する若桜鉄道ですから、砂丘と若桜を結び、さらに氷ノ山を越えて関西にまで結ぶルートの軸になれば、鉄道や地域に人を呼び込むことができます。

鳥取県は日本海にも面しています。ですから海と山と里、多様な日本の田舎を楽しめるという意味では、ドイツのロマンチック街道より面白いロケーションにあるのではないかと思います。ロマンチック街道は平坦な田舎道ですが、こっちは海あり、山あり、里ありで、日本の美しい田舎が全部そろっています。神話の里でもあります。私もそうですが、日本人の多くはドイツの自治体の名前を知りません。でも「ロマンチック街道」という名前は知っています。これと同様に、海外の方には鳥取や島根や兵庫の区別がつきません。だから短く印象深い名前をつけて「ここが日本の田舎です」と言ってしまえばいいのではないでしょうか。

周囲に目を向けると、山を越えた兵庫県養父《やぶ》市には、かつて日本一の錫《すず》鉱山と謳《うた》われた明延《あけのべ》鉱山の遺構があります。若桜から自動車で1時間ほどです。佐渡《さど》金山よりもすごいのに、まだ観光開発されていません。東大寺の大仏鋳造《ちゅうぞう》に産出した銅を献上したと言われるほど歴史が古く、明治になってからは三菱《みつびし》財閥が発展させてきた鉱山ですが、昭和62年に閉山しました。その遺構がほとんど手つかずで残っているのですから、観光資源として活用しない手はありません。また、養父市の隣、朝来《あさご》市にある竹田《たけだ》城は「天空の城」と大ブームになっているではありませんか。

鳥取砂丘には年間、130万人の観光客が訪れます。日本一透明度の高い浦富《うらどめ》海岸があり、餘部《あまるべ》鉄橋があり――広域観光圏を想定すればするほど、観光資源の豊かさに気づかされます。

観光を事業化することは、どんな地域でもできると私は思っています。素材はどこにでも転がっているのです。それを組み合わせて、お客様の視点になって魅力的なものに仕立てればいい。そのために鉄道は何ができるのか。いつも私は悩みながら楽しんでいます。

――何か面白いこと、ないかな。できないかな。

4

希望のレール

——人をつなぐ、地域をつなぐ、時代をつなぐ

営業とマーケティング

観光資源という素材はあるのに、地方では観光が事業として軌道に乗りにくい。それが現実です。原因は何でしょうか。

どんな地域社会にも言えることだと思いますが、「お金を稼ぐこと」と「時代に合わせて変化すること」を敬遠する傾向が前提にあります。

そのうえで、観光施策が自治体単位で縦割りになっています。これでは広域観光圏のような多様性が生まれませんし、継続性もありません。日本の官公庁が昔から指摘されてきたネガティブな側面です。

次に考えられるのは、観光が収益に直結するという意識が薄いことです。そしてライバルだらけであるにもかかわらず、戦略思考を持たないことです。

「戦略思考」は、経営工学や営業・マーケティングの世界で頻繁に用いられる概念ですが、私にとって恵まれていたのは、若桜鉄道がこれまで営業・マーケティング活動をしてこなかったことです。つまり事業戦略に基づいて何かを実行すれば、どんな活動でも成果が上がるわけです。
「戦略思考にマーケティング、事業戦略だって？　専門用語を使えば知的に見えるけど、楽しそうにバカ話をしながら企画が生まれたんじゃなかったっけ？」という声が聞こえてきそうですが、事業戦略を描かない経営者はいません。また、営業とマーケティングの違いを知らないマーケターもいません。

私は社会に出てから25年間、マーケティング人生を歩んできました。現在は若桜鉄道の「社長兼営業兼営業企画兼小間使い」です。その意味で営業・マーケティングに通じ、経営者として事業戦略を立てられなければ〝失格〟の烙印《らくいん》を押されてしまいます。

ではここで、ビジネスパーソンのあなたに問題です。

Q　「営業」と「マーケティング」の違いを20字以内で言えますか？

ヒントは、その主体がどこにあるのか、ということですが……もったいぶらずに答えを申し上げましょう。ページをめくってください。

A　営業は「売り込む」、マーケティングは「欲しくさせる」。

付け加えるなら、営業は「営業マンが顧客に売り込む」、マーケティングは「顧客に欲しくさせる仕組みをつくる」というところでしょうか。自動販売機でも売れる仕掛けをつくるのがマーケティングです。鉄道の場合、お客様一人一人に営業をかけることは不可能です。鉄道のお客様を増やすならば、マーケティングの手法が必須となるのです。〝経営学の巨人〟ことピーター・ドラッカー博士の有名な言葉があります。「マーケティングの理想は販売を不要にすることである」

事業戦略をフローで小分けに考える

戦略思考について続けますね。若桜鉄道の事業戦略を分解して、その概論と要点を以下にまとめてみます。若桜鉄道の考え方と取り組みをご理解いただく一助になるのではないでしょうか。

「事業戦略」を立てる際には、大きく「戦略」と「戦術」に分けて考えます。

まず「戦略」とは、「ここに行けば勝てる」という場所（ドメイン）を見つけることです。体力のない会社は、お客様が多い市場に参戦しても強力なライバルとの競争に勝てません。競合（ライバル）と戦わずにすむ、もしくは容易に勝てる、いわゆる「ブルー・オーシャン」を探すのが常道です。

「戦術」とは、ドメインにおいて経営資源を使い、競合に勝つ戦い方を考えることです。つまり「こう戦えば勝てる」です。戦い方を考えるのに有効なのは、ビジネスパーソンにはお馴染みの「ＳＷＯＴ分析」です。後ほどその事例をご紹介します。また戦術を効率的に実行するときには計画が必要となり、その達成度合いや進捗《しんちょく》状況を測る物差しとしてＫＰＩ（重要目標達成指標。Key Performance Indicators）があります。

いきなり小難しい話で恐縮です。でも、続けます。

事業戦略策定は、小分けに考えると混乱せずに整理がしやすいのです。そのフローに沿って見てみましょう。8項目あります。

①課題認識　まず、今の立ち位置を確認します。「そんなこと確認するまでもない」と思われるかもしれませんが、意外にもこの段階で認識違いがあって、戦略や戦術を踏み外してしまうことも多いのです。

若桜鉄道では、「顧客」は利用客で減少が続いています。また、地域も顧客なのですが、人口減少が続いています。「競合」は発達が続く自動車、および住民が流出する先の地域（鳥取市が7割）ですが、沿線には雇用も少ないので勝ち目が見えません。そして自社の「ドメイン」は鉄道運輸業です。運輸業で考えると、市場が縮んでシェアも失い、競争力もなく、運ぶだけなら付加価値も生みにくい。また、人も資金も不足していますから体力がありません。なかなか勝つのが難しいことが分かります。

分析をするときには、いろいろな視点から「客観的に・抜けなく・漏れなく・ダブリなく」考える必要があります。そのために便利な「考えるべき視点のチェックリス

戦略・戦術の構築

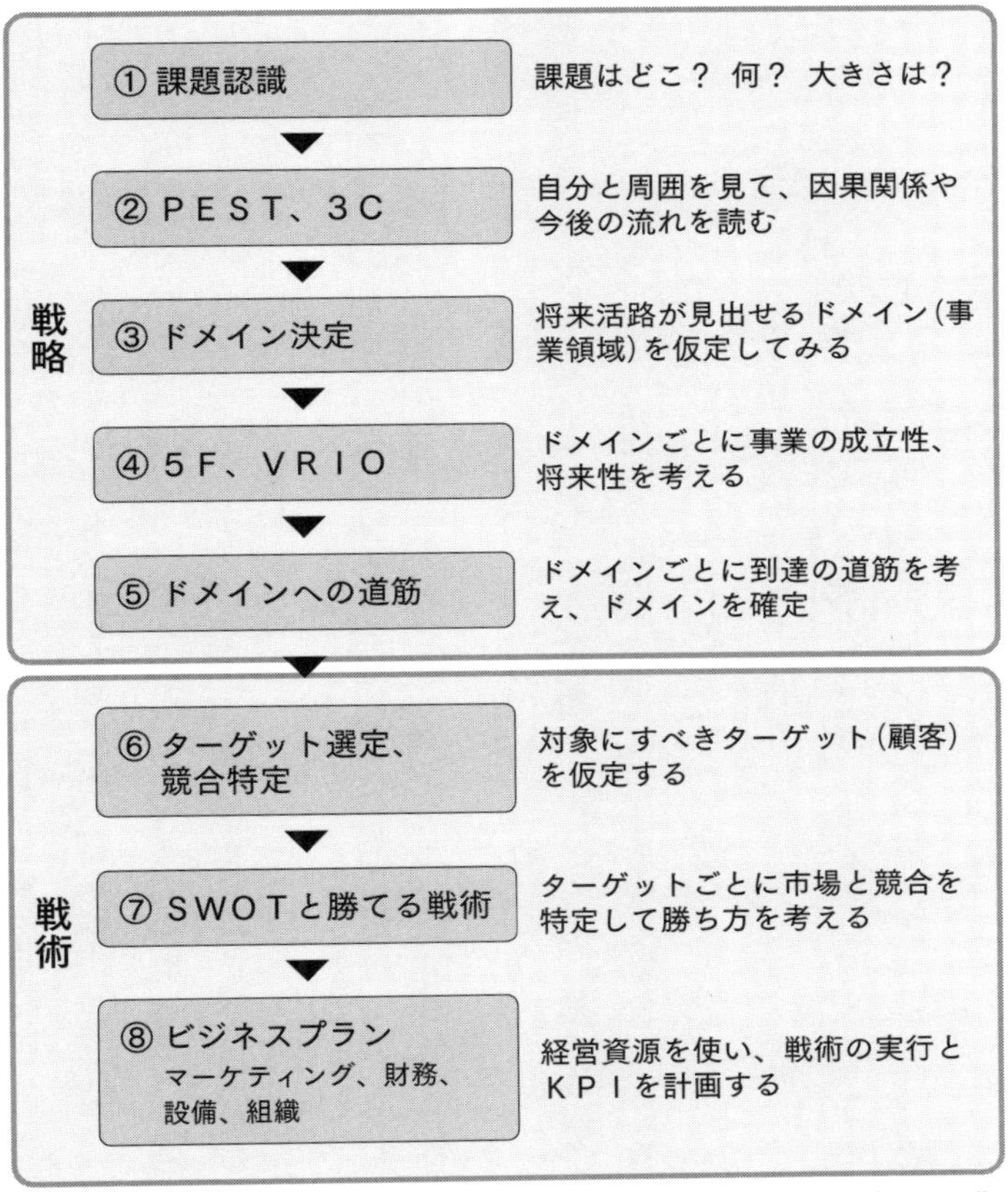

「戦略」と「戦術」に分けて事業戦略を構築する。そのフローは８項目。「課題認識」からスタートし、「ビジネスプラン」に至る

ト」と言えるのがフレームワークです。戦略を考えるには顧客（customer）、競合（competitor）、自社（company）の3つから考えるのが基本で、これを「3C」と呼びます。間違いやすいのは顧客で、「鉄道会社ならば乗客が顧客だ」と断定して終わりにしてしまいがちですが、よくよく考えると若桜鉄道は地域に支えられているので、地域そのものも顧客です。

また、顧客をしっかりと見ていないと競合も読み間違えます。たとえばバスは鉄道の競合のように思われますが、それは昔の話です。今は自家用車が圧倒的に強く、バスも鉄道も苦戦しています。もはやバスと鉄道は公共交通陣営としてタッグを組むべき同志と言ってもよいでしょう。しかも交通機関だけでなく、地域間競争が人口減少を招いているのですから、沿線から転出する先の居住地域も競合と捉えることができます。競合が何かによって後に考える対策もまったく変わります。

そして「順番」も大事です。顧客→競合→自社の順で考えます。顧客がもっとも大切なのですが、顧客が変わると競合も変わります。これはプロポーズする相手が誰かによってライバルが変わるのと同じことです。顧客と競合を見てから、最後に自社を見る。このことが重要です。自分の立ち位置を確かめたうえで「ここで本当に勝てるの？」と客観的に考えることが戦略の始まりです。

次に問題を分析します（問題はどこにあるのか、何が問題点か、その問題はどれほどの大きさか）。企業に問題は多々あるのですが、一つ一つを手当たり次第に解決する前に、解決すべき問題かどうかを整理して考えている企業は意外に少ないものです。

若桜鉄道の場合、とくに減少しているのが高校生の通学定期で、このまま減少が続けば会社の存続も脅《おびや》かす大きな問題です。また、人口の流出先のおよそ7割は鳥取市ということも分かりました。ちなみにローカル鉄道を使う乗客は高校生が主体です。なぜなら、中学までは学区内通学なので徒歩通学が基本ですし、高校を卒業すると運転免許を取って自家用車を使います。しかし高校生は志望校や偏差値などの関係で鉄道通学となるからです。

〝勝負どころ〟を探せ！

②因果関係を探り将来を読む　問題が何かが分かったら、問題の因果関係を探り、周囲の変化を見て将来どうなるかを予測します。

因果関係を探るのは「なぜ？」と理由を探すことです。

なぜ鉄道のお客様が減るのか？　↓人口減少で高校生が減っているうえに、モータリゼーションに対して自社の競争力を失いシェアも縮小しているからです。人口減少もモータリゼーションもなかなか手ごわい相手ですから、零細企業が真正面からぶつかっても解決が容易ではないことはすぐに分かります。

なぜ少子化や人口減少は起きる？　↓若者の流出が原因です。

なぜ若者が流出する？　↓この地域で稼げないのが原因です。このように現象の因果関係を掘り下げることで問題の根源が見えてきます。

そうすると、繰り返し申し上げてきたとおり、「稼げない↓若者が流出↓時代の変

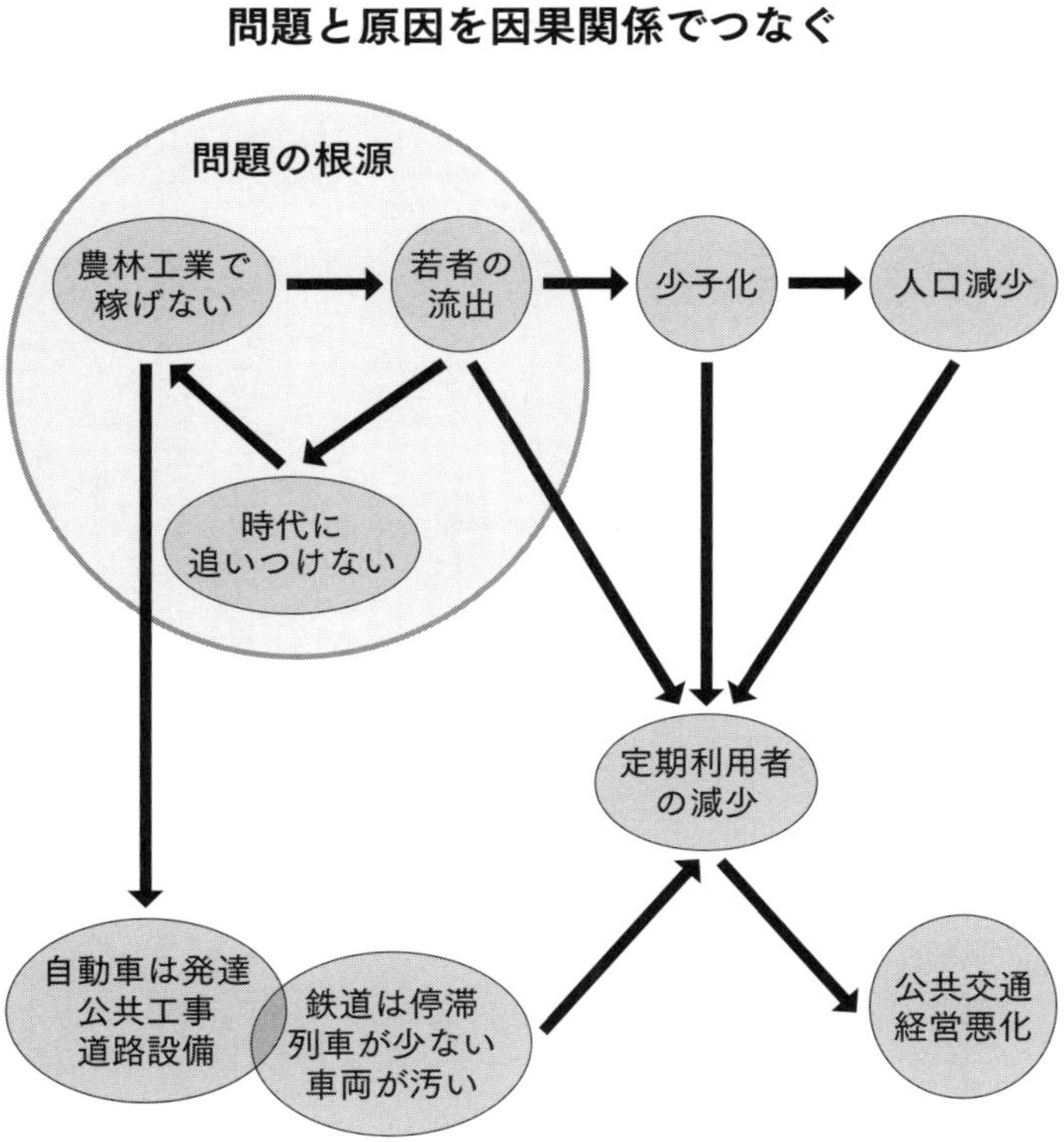

問題を分析し、それぞれの因果関係を探ると、問題の根源が見えてくる

化に追いつけない→さらに稼げなくなる」の悪循環が問題の根源であることが見えてきます。

問題の根源が見え、問題が起きる仕組みが見えたら、次に競争環境がどう変わるかを分析します。今のままでは負け戦《いくさ》でも、風向きが変われば勝てることもあるし、その逆もあるからです。ここで便利なフレームワークが「ＰＥＳＴ」です。ＰＥＳＴとは政治（Ｐ）、経済（Ｅ）、社会（Ｓ）、技術（Ｔ）の頭文字で、それぞれの分野から、その変化が事業にどう影響するかを分析します。つまり競争環境がどう動くのかを見て、今後の流れを読むのです。

政治では公共投資一辺倒から地方創生などのソフト事業に変わってきています。また交通政策基本法が施行され、公共交通と地方活性化が不可分であるという考え方（11条と32条）が中央から広がりつつありますし、観光庁はインバウンド（海外からの観光客）振興に力を入れています。経済では製造業の海外移転が進む一方で、インバウンドが増えているという変化が起きています。

社会ではストレスによる鬱《うつ》が問題となり、心の安らぎを地方に求める人が増えるように思えます。また、鉄道ファンの数は２００万人と言われますが、ますます増えつづけているようにも見えます。

技術革新ではインターネット時代になって、安価な集客・販売方法も使えるようになりました。また、「Airbnb」（エアビーアンドビー。宿泊先の提供者と利用者をつなぐサイト）や「ライドシェア」（自家用車の相乗りをマッチングするサービス）など気になる動きも出ています。ほら、行きづまりでどうにもならないと思っていた事態も、時代の変化に乗れば勝てる可能性があるように思えてきませんか？

③新ドメイン決定　材料はそろいました。いよいよ、どこで勝負するかを考えます（将来的に活路が見出せる〝勝負どころ〟、つまり新しいドメインを仮定します）。

「稼げない→若者が流出→時代の変化に追いつけない→さらに稼げなくなる」の悪循環が問題の根源で、この事態を変えないかぎり問題は残り続けます。国は公共交通と地域づくりが一体であるという考えや、インバウンドを増やす観光政策を進めていますので、これに沿えば支援を得られやすいわけです。

「地域が稼げない」のなら観光で稼げる地域にする。「若者の流出」に対しては、鳥取市内への通勤・通学を便利にして引っ越す原因をなくす。「時代に追いつけない」のなら、鉄道会社が企画を立ち上げ、地域と一体になって動く。地域のために動くなら周囲の協力も得られ、弱小の会社でもことを起こすことができる――こう考えていくと若桜鉄道が目指すべき「新しいドメイン」が見えてきます。

鉄道輸送と併《あわ》せて、観光や通勤改善や企画で地域を元気にする。そして地域を豊かにし、人口減少を食い止めます。そうすることで自社の経営も改善できるのです。もちろん鉄道輸送は大事な使命です。ただ、それだけをやっていても問題の根源が変わらないのならば、自社の領域を広げるしかありません。輸送と地域活性化を担う「地域プロデュース」を行なえば地域も鉄道も生き残れる可能性があるのです。

ドメインが鉄道輸送から地域プロデュースに広がると、先述した「3C」も自《おの》ずから変わってきます。つまり「顧客」は乗客に加え自治体や沿線観光商業者、「競合」はコンサルタントやディベロッパーとなり「自社」（の業態）は地域プロデュース業です。

大手私鉄は地域ディベロッパーとして、流通・不動産・レジャー産業で地域と鉄道を発展させてきました。その点、若桜鉄道には大手私鉄のような資本はありませんから、身の丈《たけ》に合った企画を打ち出して、自治体や沿線企業との提携・プロデュースで付加価値を生み出せばよいのです。ドメインが変わったからといって、若桜鉄道が鉄道を軽視したり鉄道をやめるということではありません。鉄道会社が採《と》るべき戦略として、地域プロデュースで勝負することで会社と地域の生き残りを図るのです。

フレームワークから分かること

事業戦略のフローに戻りましょう。４番目からです。

④本当にそこでうまくいくか？　「地域プロデュース」という新しいドメインで本当にうまくいくのか？　勝負どころで事業が成り立つか、継続できるか。事業の成立性、将来性を考えます。

ここで便利なフレームワークは「5F」（ファイブ・フォース。5つの脅威）です。顧客・競合・仕入先・新規参入者・代替商品の視点から、事業がひっくり返るような脅威が生じないかを洗い出します。とくに競合対策は重要なので、競合との差別化を考えるときには「VRIO」が便利です。価値（Value）・希少性（Rarity）・模倣性（Imitability）・組織（Organization）の4つの視点から、競合に真似されづらい優位を持っているかを見ます。

若桜鉄道の新ドメインである地域プロデュース業を「VRIO」で検証してみます。

まず地域プロデュース業の「価値」は「地域に観光業を興《おこ》し、鳥取市に通勤しやすい環境をつくり、沿線地域を活性化する」になります。この価値は地場《じば》に密着した若桜鉄道だからこそつくれ、他の業者が入っても難しいでしょう。

「希少性」では「全国に91線区しかない地域鉄道は観光資源化しやすい」「零細鉄道会社の地域プロデュースは注目されやすい」といった優位性が挙げられます。事実、若桜鉄道と地域が連携して手がけた企画は全国ニュースとなり、広告効果を生み出しています。それが大企業にも認められ、関係を築くことでさらに経済効果を生むことにもつながりつつあります。零細であっても「鉄道が一緒になってやる」ということに、全国が注目する希少性が認められているのです。

次の「模倣性」とは、ライバルに事業を真似される可能性のことですが、鉄道業者は全般に保守的なため、「ローカル鉄道が中心となった観光振興は、他の地域では難しい」「SLと登録有形文化財は真似できない」「地域密着で活動するならば、鉄道会社は他の事業者よりも有利」ということも見逃せません。

最後に「組織」です。こちらは「自社内は列車の運行で手一杯で人材がいないが、県内にユニークな活動を行なう企業、団体、学校があるので、連携させる」「鳥取県は小さくまとまりがよいので、他の都道府県に比べて縦の連携がとりやすい」といった面も見えてきます。

さらに若桜鉄道は第3セクターなので、官民の協力を仲立ちしやすい立場にあります。地域にとって若桜鉄道が必要だという思いや信頼が広がるほど、協力し合える相手も増えてきます。そして自社の組織を強化するには、人を雇《やと》える稼ぎをつくる必要があります。地域と協力して地域を元気にしつつ、鉄道利用を増やす→稼いで人を増やす→輸送の安定と企画の強化を図る——といった循環がつくれるようになると、負のスパイラルから脱することができるはずです。

フローの5番目に進みます。

⑤ドメインへの道筋　では、どうやって〝勝負どころ〟に行くのか。新ドメインに到達するまでの道筋を考え、ドメインを確定します。

設定するゴールは、言うまでもなく「鉄道を使い、地域を観光などで活性化し、ともに発展する」です。そのためには何が必要で、利用できる制度および協業できるパートナーは何かを明確にします。

若桜鉄道の場合は、自社だけで新ドメインとしてのゴールに行く体力やノウハウが不足しますから、周囲の協力・協業が不可欠です。安全運行を守るために現場への負荷や影響を極力抑えながら稼げる体質をつくり、稼いだお金でマンパワー不足を解消することで会社が継続できるようにする必要もあります。

強みを伸ばし、弱みをカバーする

ここまでが戦う場所を決める「戦略」でした。以下、⑥、⑦、⑧と続くフローが「こう戦えば勝てる」ことを組み立てる「戦術」です。

⑥ターゲット選定、競合特定　対象にすべきターゲット＝顧客を絞り込む。そしてターゲットが競合ではなく自社を選ぶようにするにはどうすべきかを考えます。

零細企業は、自社にとって理想的な顧客をターゲットとして絞り込む必要があります。なぜターゲットを絞るのでしょうか。もちろん、競合がいなければターゲットを絞る必要はありません。しかし市場（顧客・お金）があるかぎり、競合は必ずいるのです。だから競合に勝てなければ成功しませんし、勝つためには競合に対して有利な土俵で勝負しなければなりません。「プロポーズする相手が誰かによってライバルが変わる」と前にも申しましたが、プロポーズする相手がたくさんいたら、勝つどころか自滅ですよね。ターゲットを絞り込むことでライバルも見えてくるのです。ライバルがイケメンなのか、お金持ちなのか（男性の場合）で、使う武器も勝負の仕方も変わるでしょう。

また、ターゲットを絞っても売上は落ちないのです。なぜならターゲットが動きだせば、周辺も動きだすからです。ターゲットの好み・暮らし方・価値観などが明確になると、相手の心を動かす〝打ち手〟も見えてきます。「あなたの〇〇が好きだ、私はあなたをこう幸せにしたい」と言えるようになります。

逆に言えば、万人受けの無難な策は誰も動かせず、何も生み出さないのです。「女性なら誰でもいいから結婚して」と言っているようなものです。

ターゲットを絞る際には、ターゲットの規模（人数が多いなどの大きさ）・収益性（想定される客単価など）・競合（強力で相手にならない競合がいないか）・成長性（将来に人数や金額が伸びるか）・到達性（宣伝や告知）などを見て、地域や年代やライフスタイルなどから「こんなお客様に来てほしい」という理想の相手を見つけるのです。

若桜鉄道にとっては、関西のファミリー層や関東のこだわり中高年あたりがターゲットとなります。関西の方々が選ぶ旅行先には南紀《なんき》や中部もありますから、それらの地域との差別化が必要です。また関東は、ライバルが日本全国の田舎となるので、なかなか獲得が難しくなります。

⑦SWOTと勝てる戦術 自分の強みは何か、どのように勝つのか。ターゲットごとに市場と競合を特定して、勝ち方を考えます。それは自分が「お客様に選んでいただく方法」を考えることでもあります。

ここにSWOT分析が出てきました。

組織を「強み」(Strength)、「弱み」(Weakness)、「機会」(Opportunity)、「脅威」(Threat)の4視点から全体評価する分析の手法ですね。

SWOTの基本思想、基本理念とは「強みを強化せよ」である、と私は思っています。弱みは直さない。弱みを直したところで「普通」になるだけですから、勝てません。むしろ強みを活かして弱みをカバーすべきなのです。

そして「機会」をつかみ、勝敗を変える。環境が変われば勝負のルールも変わります。また、今までの武器で負けていたなら、武器を変えましょう。

前章でご紹介した若桜鉄道の「お買い物列車」をSWOT分析してみました（左ページ）。お買い物列車を企画した目的は、鳥取市中心街の活性化と鉄道を利用する機会の創出です。ターゲットは沿線の買い物好きな女性に絞り、ライバルは自家用車での買い物としました。

この「買い物好きな女性」に、どうやって列車に乗っていただくか。それには、まず「強み」を伸ばします。

デパートでお弁当を買ったお客様には、デパートのご協力で缶ビールをサービスすることにしました。「お酒を飲んでも乗れる」という列車ならではの強みです。こうすればご主人も引っ張り出すことができるかもしれません。

お買い物列車は2日間だけ運行する特別列車に仕立てました。特別列車としてお客様を集約することで、仲間が集まりやすくなり、おしゃべりが弾《はず》みます。当社にとっては団体のお客様ですし、デパートから見た視点では、団体対応は応接の面でも利点が生じます。また前述したように、デパートにコンシェルジュを起用していただきました。通販にはないデパートの魅力です。お客様はコンシェルジュに案内されること

お買い物列車のＳＷＯＴ

S（強み）	O（機会）
列車はおしゃべりが楽しめる 運転手に気兼ねがない お酒を飲んでも乗れる 集団で移動ができる 鳥取直通、駅前デパート デパートの多様性、ブランド	えきなか・えきまえオータムフェスタ ＪＲ西日本の協力が得られそう
W（弱み）	**T（脅威）**
時間の制約 デパートまでのアクセス 中心街の魅力は？ 荷物を運ぶのが面倒 若桜谷の人口が少ない 人もお金もない	中心街が列車買い物客の目的地だが… 中心街の衰退 デパートの魅力喪失 (ネット通販、スーパーに比べ、価格･品揃えで勝てない) 沿線商店の反発

若桜鉄道の「お買い物列車」をＳＷＯＴ分析。「強み」を強化し、「強み」で「弱み」をカバーするには……

で、特別な接遇を受けていただけます。

強みは弱みをカバーすることができます。「買った荷物を運ぶのが面倒」という弱みは、デパートの配送システムを活かし、5000円以上の購入で配送無料サービスとしました。

それから、弱みを逆手に取る方法もあります。若桜鉄道には人手もお金もありませんが、駅のホームで発表会や除幕式を行なうなど、列車イベントとしてメディアにアピールする広報なら可能です。その代わり、デパートには景品や部材を提供していただきます。

お酒（ビール）が飲める。おしゃべりを楽しめる。コンシェルジュの案内で特別扱いしてもらえる。お得な買い物ができる――こうして見てきますと、お買い物列車の勝負どころは「列車に乗り合わせてみんなで買い物に行く〝楽しさ〟で勝負する」ことであることが分かります。

もう一つSWOTの例を挙げてみましょう。若桜鉄道の収益を左右するのは高校生です。しかしながら、若桜鉄道が高校生の減少を止めることは不可能です。さらに、鳥取市内に通勤する保護者が自家用車で学校に送迎する例も増えており、これもコスト面で対抗しづらいところです。

一見、打ち手がなさそうですが、列車通学のSWOTを分析すると、お買い物列車に似た施策が見えてきます。列車通学では、家でも学校でもない公共の場が体験できること、友人との交流が深まること、交通事故のリスクが減ること、通学生の収益で公共交通が支えられ、車を運転できないお年寄りや障がいのある方の足が確保されるという社会的な意義があること――などを学校説明会の機会などでご紹介し、利用をお願いすることとしました。

成果を生むビジネスプラン

さて、フローの最終項目になりました。

⑧ビジネスプラン　いつまでに、何を、どうするのか。勝てる計画を考えます。経営資源を使い、戦術を実行します。

経営資源とは、人と組織、お金、物、顧客とパートナーです。この経営資源を使い、決められた期限内に、数値化された目標（これが前述したKPIです）を達成するのが、ビジネスプランと呼ぶべきものです。しかもビジネスプランは、最小の労力、最大の効率、最小のリスクに向けて計画しなければなりません。

平成27年のSL走行社会実験は「実験」ですが、目的はSLを走らせることで沿線地域が観光で稼げるかを試すことです。そのためにKPIは経費250万円以内、入込客数1万人を設定し、そこに向けた宣伝・集客活動を組み立てました。また沿線28団体から成る「サポート委員会」を役割分担ごとに12の班に分けた組織を編成し、その中に消費動向を調査する班も設けました。若桜鉄道社員の役割はSL走行を行なうことに集中し、安全を確保しています。

そしてプランは実行しさえすればよいのでなく、必ず成果を生むように考えないと意味がありません。

たとえば列車通学のメリットを啓発するには、ポスターを貼《は》って済ませるようなことをせず、学校説明会などの機会に時間をいただき、生徒と保護者の両方に直接お話をして反応を窺《うかが》う。チラシを配りつつ受け取った生徒が読んでいるかをチラ見で確認するなど、伝えたいことが確実に相手に届いているか、心に響いているかを確認しながらやり方を改善していきます。また、高校の行事にはできるだけ協力をして、学校や高校生の課題についても把握に努めています。

お客様が欲しいものはお客様しか知りません。だから、お客様に会いに行くことはとても大切なのです。

地域の「広告塔」になろう

若桜鉄道は地域に多くの人を呼び込むために、地域の広告塔にもなっています。大きなイベントを実施して、お客様にお越しいただくとともに、地域から全国に発信しています。最近の例は、平成28年3月20日に開催した「隼《はやぶさ》ラッピング列車パレード」でしょう。

ラッピング列車とは、ご存じのとおり広告を車両にラッピングしたものです。全面塗装とは違い、すでに図柄が印刷されたフィルムを車両に貼りつけます。3月に若桜鉄道を走ったラッピング列車は、当社のWT3300型という気動車にスズキ株式会社製の大型バイク「隼」（ハヤブサ）をあしらったデザインです。

このラッピング列車を若桜鉄道の隼駅から八東駅まで走らせ、さらに線路に近接する道路を15台のバイクが隊列を組んで並走するという前代未聞のイベントでした。またパレードの後は、若桜駅のすぐ近くにある「道の駅若桜『桜ん坊』」で「ジビエフエスタ」や「軽トラ市」を併催し、沿線地域の「食」を来場者にアピールしました。

スズキの「隼」（スズキ・GSX1300Rハヤブサ）は排気量1339cc、市販の2輪車では最速と言われるバイクです。

いつのころからか、バイクと同じ名前の駅があるらしい、と「隼」のライダーが隼駅に集まるようになりました。駅前にバイクを停めて記念写真を撮ったりしていたそうです。最初、地域の方々は「何をやっているんだろう?」と不思議でしたが、よく見るとバイクのボディ（「カウル」と呼ぶそうです）に「隼 Hayabusa」の文字が。

「ああ、駅と同じ『隼』っていうバイクがあるんだ」

と、了解して一件落着……にはなりませんでした。

平成20年8月6日、1冊の雑誌が発売されます。『月刊ミスターバイク』というバイクの専門誌（現在はウェブマガジン）です。記事で「8月8日はハヤブサの日。若桜鉄道の隼駅に集まろう」と呼びかけたところ、雑誌の発売から2日しかなかったというのに、7台の「隼」が隼駅に集まりました。

これをきっかけに、隼駅はライダーの聖地となり、全国から「隼」のみならずバイクに乗った人たちがやって来るようになったのです。「遠くからたくさんの人が来てくれるのだから」と地域の人たちは「隼駅を守る会」を結成し、駅舎や駅の周囲を整備してライダーとの交流も始まりました。また若桜鉄道は駅に「隼」のポスターを貼り出すなど、スズキ株式会社のご協力をいただくようになります。

ラッピング列車を走らせたい

バイク専門誌が呼びかけた「ハヤブサの日」から1年、平成21年8月8日に第1回「隼駅まつり」が開催されました。集まったバイクは200台。会場には地域で採《と》れるお米や野菜を売る出店が並び、郷土芸能の披露、景品が当たる抽選会と、地域の人たちとライダーとの交流がますます深まっていきました。こうして毎年、8月8日の「隼駅まつり」が恒例イベントとなったのです。

翌年の第2回は600台以上が集結です。もう駅の周辺では間に合いません。そこで駅に近い隼小学校のグラウンドを借りたのですが、グラウンドは土ですからバイクのスタンドがめり込んでしまいます。どうしたかというと、地域の人とライダーが協力し、10㎝四方に切ったベニヤ板を「スタンドの下に敷いてください」と600人に配ったと聞いています。

「すごい！　隼駅の地元の人はここまでやってくれるんだ」

全国各地からいらしたライダーは、そう言って感動されたそうです。

隼という駅名は明治22年（1889）にできた隼村に由来しますが、地名自体の歴史はもっと古いようで、駅から歩いて5分ほどに隼神社があります。ここは社伝によると、4世紀ごろの創建ということです。

そんな地域ですが、たとえば地元以外の人が訪れると、「どこから来た？」と地域の人が気さくに声をかけてくれます。夏はスイカをつくっているので「スイカでも食べていくか」。秋になると、今度は「鍋でも食べるか」と言って、いきなり鍋の支度を始めて一緒に外で食べたりします。

おそらく、単に駅の名前が隼だからというだけでは、ライダーがこれほど集まることはないでしょう。気さくで温かい地域性があるから、「隼駅まつり」の輪が広がっていったのではないかと思います。

その後、駅まつりは回を重ねて平成26年8月8日、第6回を迎えます。その翌日が私の公募社長面接日でした。ところがこの年は台風に襲われ、10月に延期です。つまり私が若桜鉄道の社長に就任した1カ月後になったわけです。このとき、若桜鉄道は初めて駅まつりにブースを出し、駅弁やグッズを販売したりしました。

「来年はもう少し本格的にやっていきましょうか」

と、谷口運輸課長に言いましたら、彼から「いつか、『隼』のラッピング列車をやりたいですね」という一言が——。

なるほど。列車のラッピングは多々あります。私は、ラッピングをやるのなら「隼駅まつり」が最大のチャンスだろうと思いましたが、同時に「駅まつりは年に1日のみ。ラッピング列車を定期運行すれば、季節を通してライダーに来てもらえる」という構想も持ちはじめたのです。でも、お金がありません。

4月のＳＬ走行社会実験を終えた平成27年の駅まつりには、実に１２００台のバイクライダーが集まりました。史上最高の規模です。私はラッピング列車実現のため、営業に動きました。企画提案書をつくり、「隼駅まつり」にいらした株式会社スズキ二輪（スズキ株式会社の二輪車事業における販売会社）にお持ちしたのです。

——隼駅は1200人ものライダーが心を寄せる地域です。ライダーはメーカーにとっての大切なユーザーです。ユーザーの聖地に、メーカーがラッピング列車というかたちで応援をすれば、「やるな、スズキ」と、ますます「隼」を製造するメーカーを好きになります。ユーザーの心をつかみます。ですから、ラッピング列車を検討していただけませんか。

このような内容にSL社会実験の報道記事などを添えた提案書は、厚さ1㎝くらいになりました。ひまわりの花が咲き誇り、子どもたちが川遊びを楽しむ夏の盛りのことです。

プロジェクト、始動

12月、先方から返事が届きました。

「決まりました。やりましょう。ただし、今年度内に実施してください」

待ち望んでいたご連絡です。でも年度内ということは、平成28年3月いっぱいが期限です。雪の降る時期には難しいですから、では3月ギリギリに持っていきましょうか、というお話をして、「隼ラッピング列車」のプロジェクトが本格的に立ち上がったのです。


やるからには、「若桜鉄道でラッピング列車が走りました」というだけではインパクトがありません。また先方は、ラッピング列車だけでは広告効果が薄いことを承知で協力を決めてくださったのですが、一方的な協力ではよくないので恩返しが必要です。そのためにはＳＬ社会実験で測定できたように、イベントがニュースになれば広告効果が生まれます。

「せっかくメーカーさんが心意気で協力してくれるのだから、地域を挙げてイベントを盛り上げましょう。これを全国発信して、地域をアピールするとともにスズキさんに恩返ししましょう」

沿線の方々に呼びかけ、お願いしました。すると皆さん、「よし、やろう」と、SLのときと同様、乗ってきてくださったのです。

「日本初、バイクと列車の並走パレード」は、道路と線路が並走している区間があったので、内心では「できるだろう」と思いましたが、SLであれだけ協力してもらえたのだから大丈夫だよね、と自分に言い聞かせ、「今回はSLほど大がかりにはしませんから」とお願いして回りました。

おかげさまで、沿線の自治体、商工会、観光協会、住民団体、因幡郵便局長会など31団体と協力して「若桜鉄道ラッピング列車パレード&軽トラ市実行委員会」を結成し、プロジェクトを進めることになったのです。

こうして3月20日、日本で初めてのバイクと列車の並走パレードが幕を開けます。午前10時20分、隼駅でテープカットの後、八東駅までパレード。出発合図は石破茂

日本初！　バイクと列車の並走パレード

スズキの大型バイク「隼」をデザインしたラッピング列車と15台の「隼」が並走した（２０１６年３月20日）

夜には若桜町主催のイベント「若桜発！　光の機関車」として、ＳＬへの３Ｄプロジェクション・マッピングが行なわれた

若桜駅のホームに置かれた「隼」(上)と、並走パレードを終えて若桜駅構内を移動するラッピング車両(下)

隼駅での出発合図は当時の地方創生担当大臣・石破茂氏

車内から手を振るスズキの鈴木修会長(窓側)。隣は平井伸治鳥取県知事

地方創生担当大臣（当時）です。さらに「若桜道の駅」では、午前10時から午後2時まで軽トラ市やジビエフェスタ、ラッピング列車との記念撮影大会。午後7時から若桜駅前広場で、３Ｄプロジェクション・マッピングのＳＬ投影も開催されました。

ラッピング列車にはスズキの鈴木《すずき》修《おさむ》会長、スズキ二輪の濱本英信《はまもとひでのぶ》社長にもお乗りいただきました。

かねてから「隼駅を守る会」の方々は「ぜひライダーの聖地である隼駅に、鈴木会長に来ていただきたい」と熱望していました。今回はラッピング列車もさりながら、地域を挙げたイベントであり、鈴木会長が支援していらっしゃる軽トラ市も企画すれば、お越しいただける可能性が高まるのではないか。

私どものお願いに、鈴木会長はこころよくお引き受けくださったのです。

軽トラ市とは、軽トラックの荷台を店舗がわりに使う朝市のことです。岩手県の雫石《しずくいし》市が発祥とのことですが、今は全国各地で見られますよね。

私が拝察するかぎりでは、鈴木会長は地方を応援されたいという気持ちをお持ちになっていらっしゃるようでした。

軽トラの最大のユーザーは農村の方々です。軽トラに野菜を乗せて商店街に行き、みんなで市を開けば、手間もかかりませんし、農家も町の商店街も元気になる。そうした地域興《おこ》しの観点から、軽トラ市を応援されているのだと思います。

地元のジビエをブランドに

この日、ラッピング列車パレードに参加した「隼」は15台で、その模様を沿線2000人の方々がご覧になりました。パレードに手を振って応援し、隼、安部《あべ》、八東の各駅はイベント会場となって、ふるまいや踊りの披露もされるなど賑わいました。また、道の駅での軽トラ市とジビエフェスタには3000人が来場し、立ち寄ったバイクの数は250台です。スタンドホルダーを差し上げて、この数をカウントしました。大盛況の1日です。「地域を挙げて、これほどライダーを応援してくれるとはすごい」と、スズキのご来賓も感動された模様です。全国に多数の報道もあり、おかげさまで〝恩返し〟ができたと安心しています。

道の駅ではジビエフェスタの一環として、鹿肉の無料試食コーナーを設《もう》けたのですが、これが人気を呼びました。60kg用意した鹿肉を焼いて提供し、400人のお客様が召し上がったということです。それ以外にも鹿カレー、鹿ジンギスカン、鹿のから揚げ、鹿ラーメンと鹿づくし。実は私は、社長就任当初から「鹿ラーメンをつくろうよ」と言いつづけてきたのです。ようやく開発できました。

若桜鉄道沿線には鹿が多く、月に2回ほど列車に当たります。私も若桜の街中で遭遇しました。

ジビエとはご承知のように、野生動物の肉を調理するフランス料理です。鹿肉を提供するレストランは日本にもたくさんありますよね。私は食材の宝庫である若桜で、鹿肉を一つの観光資源に位置づけようと考えたわけです。

道の駅でライダーの方々が鹿ラーメンに喜んでいたという話を聞き、「ジビエフェスタの狙いが当たった」と、うれしくなりました。全国をツーリングして回るライダーに若桜のおいしいものを食べていただき、「またここに来たい」と感じてもらいたかったのです。

観光に行くとき、「あれを見たい」「これを食べたい」と、人には必ず何らかの動機があります。その土地へ行く動機がなければ観光の意味はありません。だから強い動機さえあれば、たとえ不便でも行くわけです。おいしいレストランなら片道3時間かけるのを覚悟してでも予約しますよね。その意味では、「2985弁当」もそうですが、オンリーワンの魅力づくりが大切なのだと思います。

この地域では、今まで「食材」はあっても、「食事」がそれほどありませんでした。「道の駅で鹿肉を売っています」では、なかなか広まりません。「若桜で食べた鹿肉はおいしかった」と言っていただける食事を提供しなければならない。そこで私は、鹿肉を使った料理、しかも毎日でも食べられ、お土産《みやげ》にもできるメニューが欲しいと思い、ラーメンに行き着いたのです。

私は〝よそ者〟で、第三者の視点から鹿肉を評価できているのでしょう。というのも、地域の人は鹿肉を好まないのです。なぜなら、昔はタンパク源として熊や鹿を食べたそうですが、処理の仕方が悪いと臭みが出てしまう。それに懲りて敬遠したということです。牡蠣《かき》にあたった人が二度と牡蠣を口にしなくなるのと同じです。

しかし今は腕のいい猟師さんがいらして、鹿を獲《と》って2時間以内に血抜きをしますし、解体技術にも長《た》けている。その方が鹿を獲る時期まできちんと考えてから鹿肉を出すようになって、若桜の鹿肉はブランドになりつつあります。今は鹿のハムも開発されました。「鹿肉を食べるなら、若桜に行かなきゃ」と言っていただけるようにしたいですね。

鹿による食害は本当に大変で、1頭が入るだけで畑が全滅します。何年もかけてつくった果樹園も一晩で全滅してしまう。地域の人は鹿を憎んでも憎みきれないくらいです。だったら「食べてしまえ」と、駆除と復讐を兼ねればいいのでしょうが、臭みのせいで嫌いになってしまいました。ですから先入観のない方にどんどん食べていただくほうがいいのです。今の鹿肉は決して臭くありませんし、青魚と同じ成分が豊富なのでヘルシーです。鉄分も多く、とくに女性にはお薦《すす》めです。もっと「若桜の鹿肉」を広めていきたいと思います。

後日、スズキ株式会社から驚くようなお話をいただきました。

「『隼駅まつり』の会場である船岡《ふなおか》竹林公園に、トイレを一棟プレゼントさせてください」

その額は、なんと1850万円に上《のぼ》りました。

ＳＬがピンクに！

話は変わりますが、鳥取県は「ピンク」を県のキーワードというかキーカラーに、地域活性化を図っていることをご存じでしょうか。

なぜピンクなのか――県外の人を対象に、県が鳥取県のイメージカラーを調査したところ、「茶色」「黄色」などが多数だったそうです。きっと鳥取砂丘の砂の色から連想したのでしょうね。茶色や黄色では暗いイメージではないかということで、閃《ひらめ》いたのがピンク。何でも県の名産であるラッキョウの花がピンク色だからだということです。たしかにピンクは明るい色ですよね。

平成25年6月には、当社と同じ第3セクターで鳥取、岡山、兵庫の3県を走る智頭《ちず》急行の恋山形《こいやまがた》駅が、鳥取県の後押しでピンク色に生まれ変わりました。駅舎を塗り替えたのです。駅名の標示板はハート型に形を変えました。「恋」の文字がピンクと結びついたわけです。すると全国から若い女性やカップルがいらっしゃるようになり、観光地化しました。

さらにピンクのカレーやピンクの醤油などが出現する事態になり、鳥取はピンクに染まっていったのです。

このブームは続きます。今年（平成28年）は県が「ピンク撮《と》っとり！　鳥取フォトコンテスト」を主催して応募を呼びかけました（7月末で終了）。ウェブサイトには告知のフレーズが躍《おど》っています。

ピンクに萌《も》えあがる鳥取に恋！

「ピンクの恋山形駅」「ピンクのカレー」「ピンク醤油」「ピンクＳＬ」…などなど。鳥取はピンク色に燃えています。

ピンクは鳥取からのラブコール。鳥取県では、鳥取県にまつわる「ピンク」「ラブ」をテーマとした写真を募集します。ぜひご応募ください。

さて、「ピンクＳＬ」とありますが、これは若桜鉄道のＳＬのことです。地域を活性化する試みですから、喜んでお手伝いすることになりました。語呂合わせで「こい（恋）の日」と名づけられた5月1日から、期間限定で8日間、ピンク色に塗装した

期間限定の「ピンクＳＬ」。鳥取県のイメージカラーに塗り替え、地域活性化に一役買った。上写真は塗装作業の様子

Ｃ12の若桜駅構内運転を実施したのです。

この日はピンクのジャケット姿の平井知事がお見えになり、出発合図を出していただきました。

「出発、ピン行！」

――きれいなピンクにメイクアップしたＳＬは大勢の拍手に送られて発車しました。

全国ネットのテレビ番組で紹介されたほか、ヤフートピックスのトップに掲載されたこともあり、５月１日から８日までの８日間で、若桜駅の入構内者数は１万８８１８人。この数字は前年の１年分に相当します。グッズの売上は対前年比で７・５倍、乗車券の運賃収入も１・５倍を記録しました。

上下分離方式とは何か

『地域再生の戦略――「交通まちづくり」というアプローチ』（ちくま新書）の著者で関西大学経済学部の宇都宮浄人《うつのみやきよひと》教授は、「地方を復活させる鍵は、鉄道・バスといった『公共交通』の見直しにある。そこからコンパクトな街が再生される」という趣旨のことを同書で述べられています。

宇都宮先生とは、私もシンポジウムなどでご一緒する機会がありますが、交通事業者が「まちづくり」をするという考え方に共鳴しています。

今までは、地域は地域、公共交通は公共交通、と分けて考えられてきました。しかし、もともと交通は地域の一部です。都市計画・福祉・防災・教育などと影響し合います。ならば、交通だけを見ずに地域と一体で考えないと意味がありません。東日本大震災のとき、三陸鉄道の望月社長が「第3セクターは地域の役に立たなければ意味がない」とおっしゃったとおりです。

運ぶことでいかに地域の役に立つかを考えるべきですし、鉄道の宣伝効果や集客効果なども活用して、運ぶこと以外の役割も含めて考えていくべきだと思います。鉄道経営を維持するにはお金がかかりますから、ただ「運ぶ」では逆にもったいないですし、いずれ支えきれなくなってしまいます。だから新しい役割をつくっていくしかないのです。

経営という観点では、若桜鉄道は日本で初めて「公有民営による上下分離方式」を導入しました。平成20年4月からです。

上下分離方式とは、鉄道でいえば線路・電路（下）を沿線自治体が保有し、運行会社は車両とその運行（上）を担《にな》うという役割分担の経営方式です。若桜鉄道では若桜町と八頭町がインフラ（線路や土地などの施設）を保有し、当社が運行会社として町から施設を借り受けて運行することになりました。

そもそも道路は公共物で、バス会社ではバスだけを保有して走らせていますね。これに対して鉄道会社は、車両から線路、鉄橋、トンネルなど、すべてが自前です。インフラを維持するのに莫大なコストがかかり、経営の負担になります。これでは地方鉄道のような会社にとって厳しいのではないか。線路は道路のように公共物として捉え、鉄道会社から切り離すほうがよいのではないか。つまり「公有民営」という発想から生まれたのが上下分離方式なのです。

ヨーロッパの鉄道は、ほとんど上下分離方式です。なぜかというと、そうしなければ成り立たないからです。ただし「オープンアクセス」という制度もあって、複数の運行事業者でも同一の線路を使えます。この点が日本の上下分離方式と異なります。

日本の場合は「上下分離」でも、一つの下（線路）には一つの上（車両）とワンセットのようになっていますが、ヨーロッパでは、たとえば新幹線の線路の上に自動車会社が特急列車を走らせていたりします。これがオープンアクセス制です。その分、競争が起きますし、活力も生まれます。要するにヨーロッパでは、国がインフラとして線路を整備したうえで運行会社が使用しているのです。

日本の公共交通は、昔は儲かっていました。国鉄を見ても、3公社5現業（公営企業。国鉄・専売公社・電電公社・郵政・造幣・印刷・林野・アルコール専売のこと）の時代、独立採算制で採算がとれていました。そのため、赤字になったときに、いわゆる存廃問題が出てきます。「いかに維持するか」ということだけを考えるようになるわけです。

ヨーロッパの鉄道は公共財ですから、もともと黒字ではありませんし、国は公共交通をインフラとして考えています。つまり下水道や消防システムなどと同じ捉え方なのです。ここに根本的な考え方の違いがあります。

何度も申し上げますが、鉄道をただ維持するという思考では問題の根源が解決されず、いずれ破綻《はたん》します。なぜ地方鉄道の経営が苦しいのか、根本的な原因を見ていませんし、鉄道を地域にどう役立てるのかを戦略的に考えていない。それがうまくいっていない地方の問題点だと思います。

その名は「昭和」

上下分離方式に関連して、付け加えておかなければならないことがあります。若桜鉄道では平成28年4月1日から、車両を若桜町と八頭町に譲渡し、運営体制を変更しました。現在は線路などの施設と車両の両方を自治体から借り受けて、列車を運行するかたちになっています。またその車両ですが、老朽化の進んだ3両を改装する予定です。電気配線を取り替える工事とともに、外装や内装も新しくします。すでに報道でご存じかもしれませんが、リニューアルする車両のコンセプト・デザインは、ＪＲ九州のクルーズトレイン「ななつ星ｉｎ九州」を手がけられた水戸岡鋭治《みとおかえいじ》さんにお願いしました。

このリニューアル車両が、前章で申し上げた「観光列車の新企画」です。２０１８年度には運行を開始したいと考えています。

水戸岡さんにお願いした理由は、鉄道会社の先輩社長から「あの人は地域のこと、その将来のことを、本当によく考えていらっしゃる」と、具体的な事例も交えて伺っていたからです。

若桜鉄道の沿線には、「はじめに」でご紹介したように、半世紀前と変わらない日本の山里が手つかずで残っています。昭和5年に開業した当時のままの鉄道遺産も豊富です。水戸岡さんも「若桜鉄道沿線の人・事・ものから昭和がイメージされる」とおっしゃいます。そこでリニューアル車両は、「昭和」と命名されました。

地域の人が乗りたくなる、地域のための車両が、懐かしい風景を走り、笑顔が生まれる新しくて懐かしい鉄道の旅をプロデュースしたいと思います。

観光列車の新企画として登場する「昭和」。老朽化の進んだ車両を改装し、２０１８年度から運行を開始する予定。日本の山里が残る若桜鉄道で「新しくて懐かしい鉄道の旅」が始まる

外観デザイン案

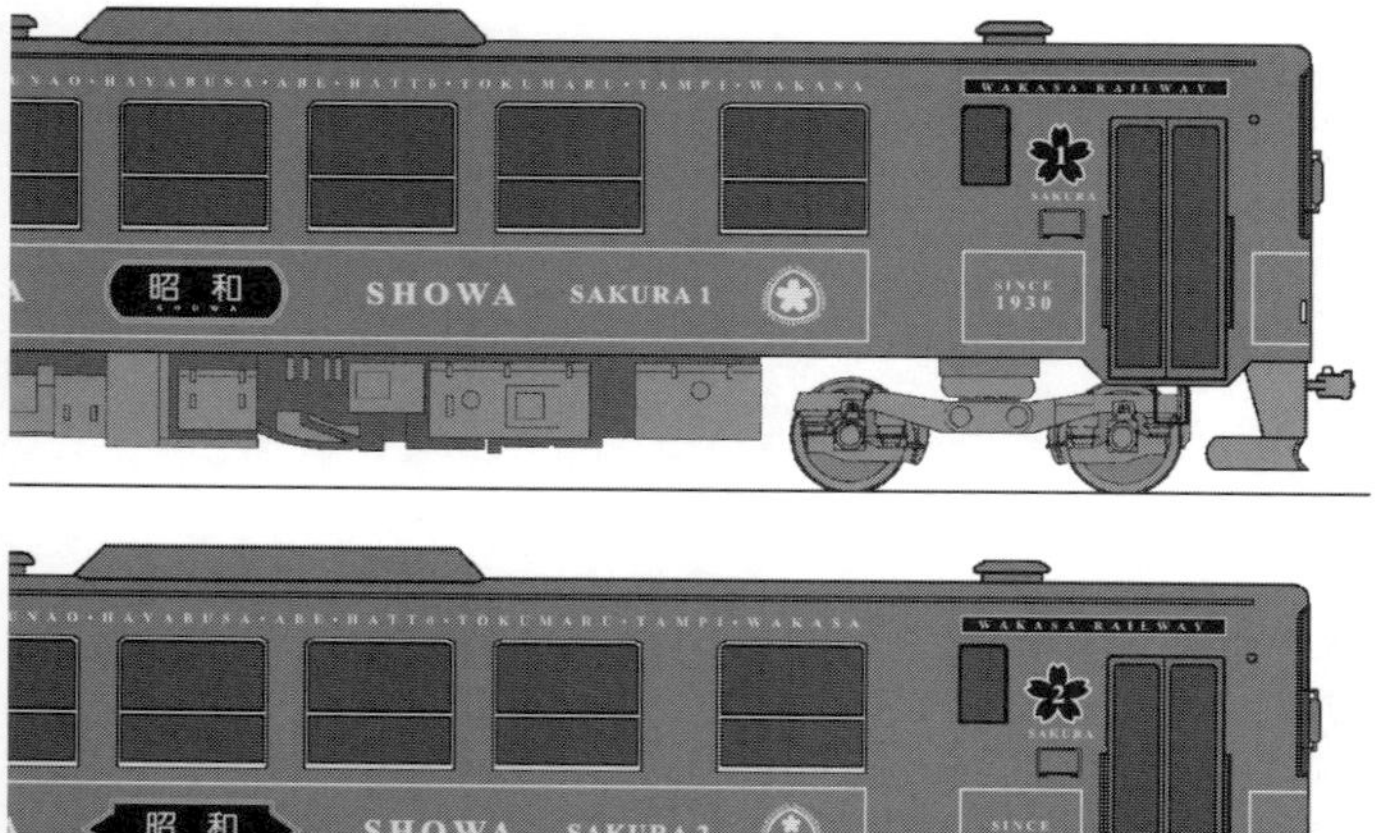

イラストは基本設計段階のもので実施設計ではデザインが変更になる場合があります。
2016.03.19 EIJI MITOOKA + DON DESIGN ASSOCIATES

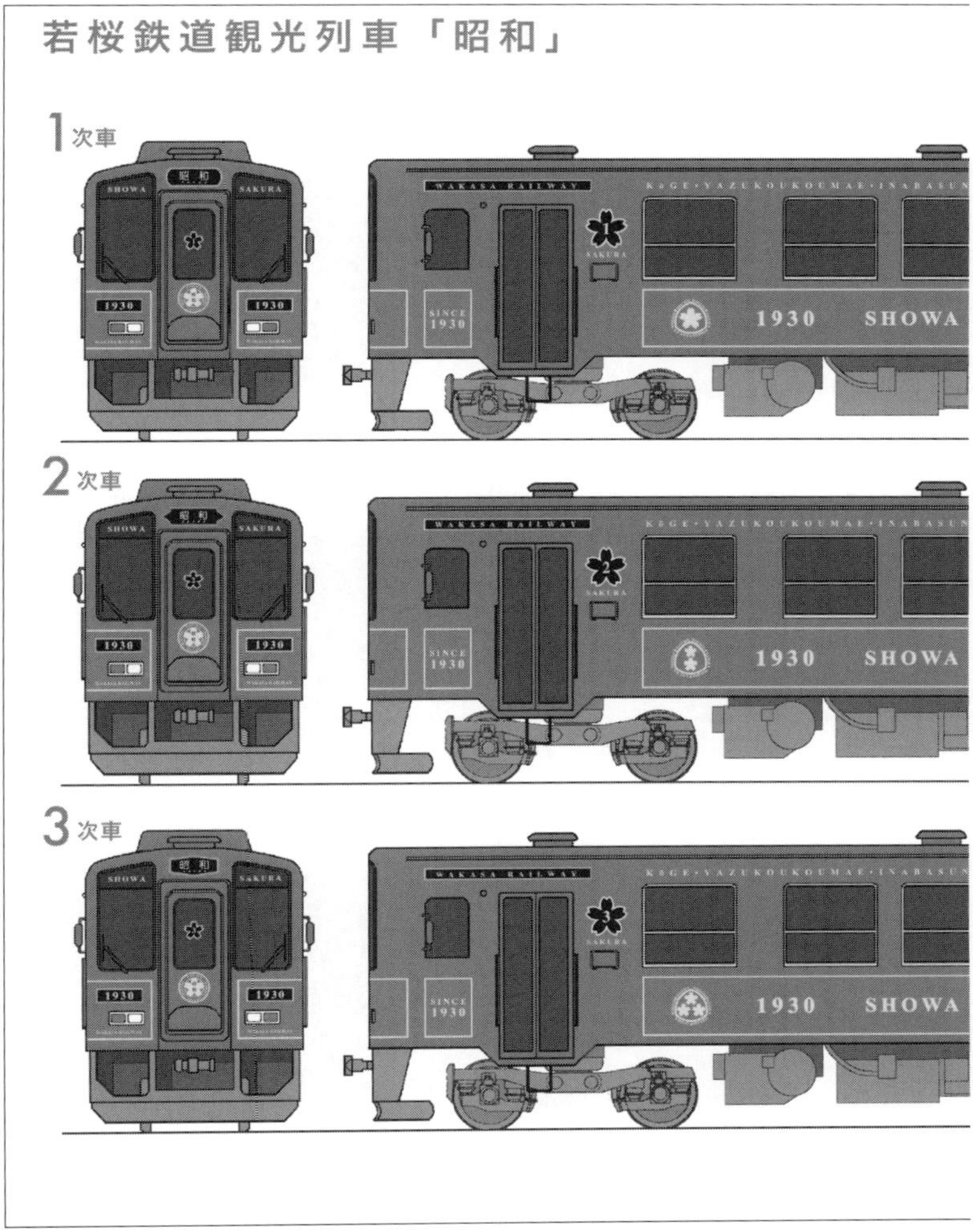
若桜鉄道観光列車「昭和」
1次車
2次車
3次車
昭和
SHOWA
SAKURA
1930
WAKASA RAILWAY
SINCE 1930
1930 SHOWA

地域の「血管」として

鉄道は地域の血管のようなものです。血管は血液を運び、人の健康を支えます。つまり鉄道は、そこに線路があるだけではなく、お金の流れをつくる、ものの流れをつくる、人の流れをつくる――というところに本来の役割があります。地域の調子が悪くなると血管の調子も悪くなります。血管の調子が悪くなると地域の調子も悪くなります。お互い様ですから、「地域のことは知らない」、「鉄道は鉄道のことだけをやっていればいい」という場合ではありません。

幸いにして「交通」というのは、観光、まちづくり、建設、環境、防災、地域コミュニティ、医療、教育など、あらゆる分野に関わります。

たとえば鉄道会社が「来月から列車を1本減らします」と決めたとしましょう。すると、学校から「それでは困る」、お年寄りからは「通院できなくなる」と言われたりします。また、とある鉄道が終列車の時刻を繰り下げたら、駅前に飲屋街ができたそうです。

交通はあらゆる分野と関係する

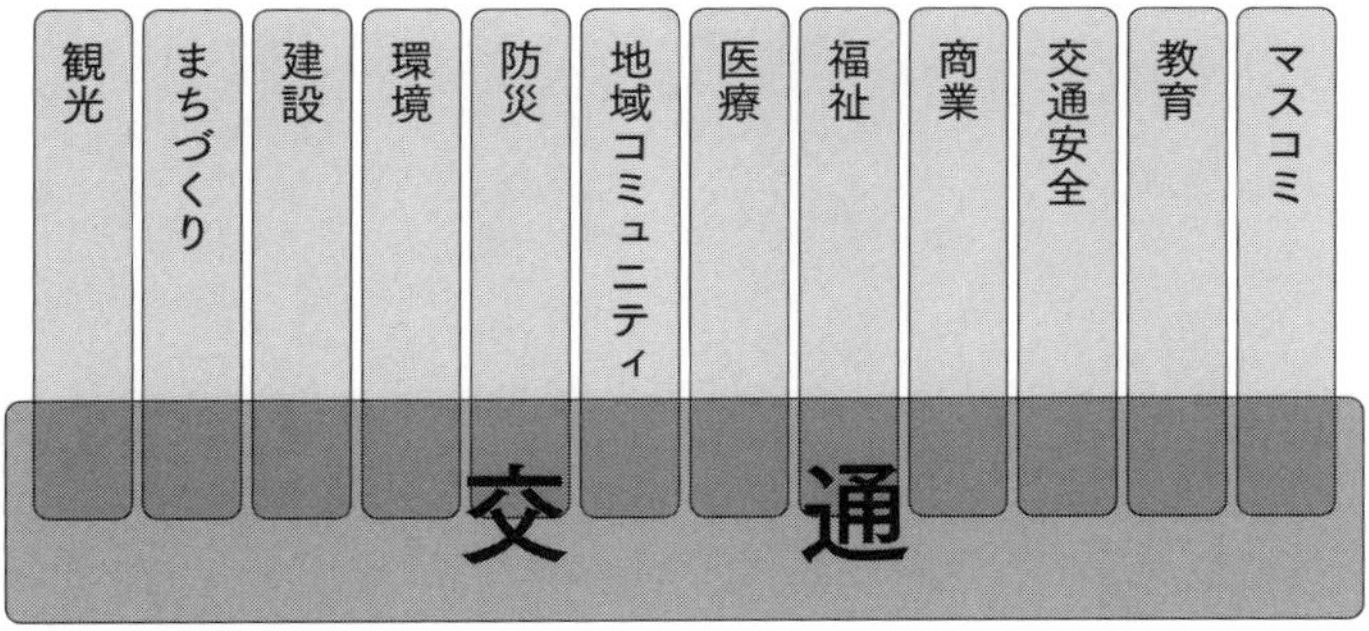

ぐるぐると周囲を巻き込む

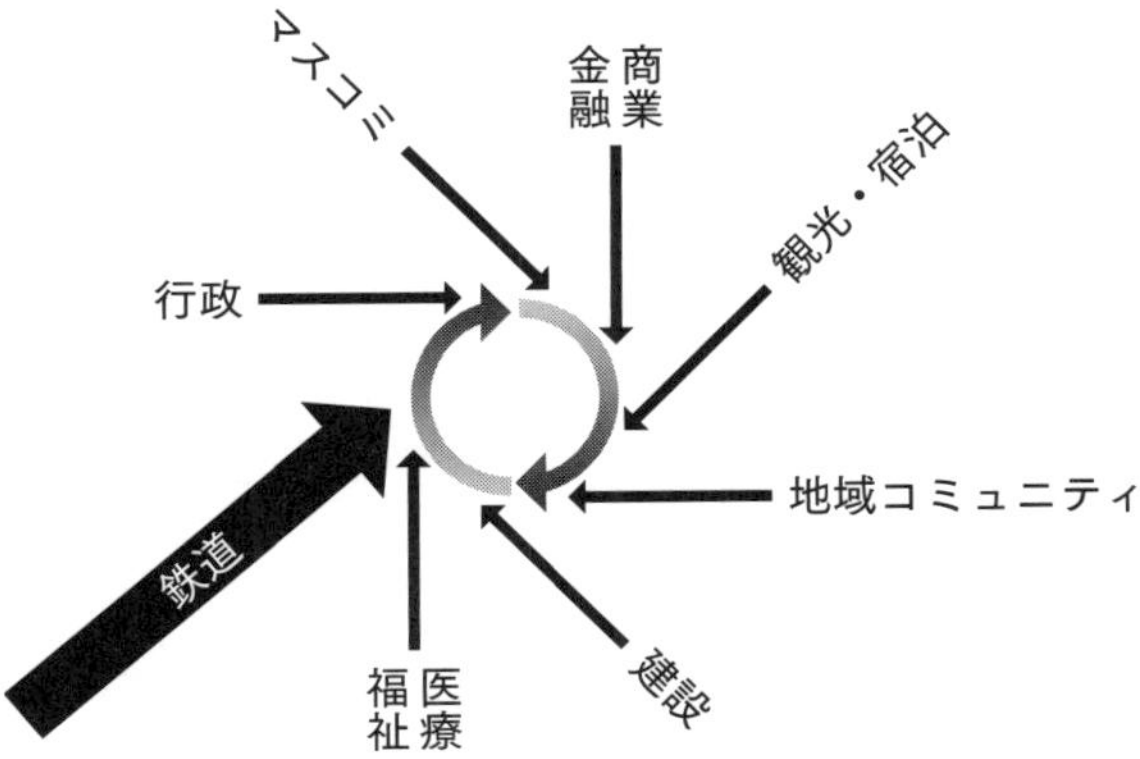

交通は暮らしのあらゆる場面に使われるので、関わる相手が幅広い。ならば、鉄道がそれぞれの思いに寄り添い、同じ方向を向いてみる。鉄道が最初に動き、周囲を巻き込む「つながりづくり」が地域プロデュースだ

あらゆる分野に関わっているのであれば、巻き込んでしまえばいいのではないか――鉄道がそれぞれの思いに寄り添って、同じ方向を向いてみるのです。「一緒に動いてみませんか?」と周囲に協力をお願いする。一緒に動くうちに成果も見えてきて楽しくなります。そしてさらに周囲を巻き込みたくなる。鉄道が最初に動きを起こして、行政を巻き込み、コミュニティも巻き込み、学校も宿泊施設も巻き込んで、だんだん動いていくようにしていく。この動きをぐるぐる回すと、次第に加速していくはずです。

地域プロデュースというのは、こうした「つながりづくり」なのです。立派な建物や組織はいらず、みんなが力を合わせやすい形を考え、促し、実現してゆく、地味でしんどい活動なのです。

鉄道とは何か

駅って何なのだろう——若桜鉄道の駅、それぞれの待合室の椅子に腰掛け、目を瞑《つむ》りながらぼんやりと考えます。

地域の象徴なのかな。たとえば東京駅を思い浮かべると、あのレンガづくりの豪壮な建築は、本来なら必要ないはずです。プラットホームと改札口があれば済むだろうと言ってしまえばそれまでですが、なぜ東京駅はゴージャスな建物でなければならないのか。それは、やはり首都の中央駅という象徴なのですね。

地方ローカル線の小さな駅はどうでしょう。それこそホームと改札だけでいいくらいです。お客様は発車の直前にいらっしゃるのですから、待合室も雨をしのげる程度でかまわないと思います。でも、若桜鉄道の駅は、それぞれが立派なつくりになっている。もしかしたら地域の象徴なのかな、と思ってしまうのです。

地域の象徴であり、地域の玄関という感覚です。地方鉄道では、地域の人たちが駅の掃除を輪番《りんばん》で行なっていることもよくあります。氏子《うじこ》さんが神社の掃除当番を受け持つのに似ています。

心を寄せる象徴であれば、古ければ古いほどよいでしょう。鉄筋コンクリート造りの神社は、何か違和感があります。心のよりどころは、やはり古くなくてはいけない。古いものを見て、古いものに接することは、心の栄養になりそうです。

昭和5年――85年前の面影を色濃く残す若桜鉄道の駅は、その意味で心のよりどころと言えるのではないでしょうか。

まして田舎の鉄道です。仕事をするのは都会かもしれませんが、田舎は心を整えられる場所です。観光だけではなく、古くて懐かしい田舎の駅が、都会で疲れた人たちを温かく迎える――そんな役割もあるのではと思えます。

先輩社長の受け売りですが、鉄道は地域と地域をつないでいるけれども、人と人もつなぐのではないでしょうか。そして時代をつないでゆきます。だからこそ鉄道は地図に残るのです。

車両の先頭部に立つ著者。レールの向こうに希望の光が見える

付記　本書の記述内容は山田和昭個人の見解であり、若桜鉄道株式会社の意向を反映したものではありません。また本書の印税は全額、若桜鉄道株式会社の収益となります。

（著者）

切りとり線

★読者のみなさまにお願い

この本をお読みになって、どんな感想をお持ちでしょうか。祥伝社のホームページから書評をお送りいただけたら、ありがたく存じます。今後の企画の参考にさせていただきます。また、次ページの原稿用紙を切り取り、左記編集部まで郵送していただいても結構です。

お寄せいただいた「100字書評」は、ご了解のうえ新聞・雑誌などを通じて紹介させていただくこともあります。採用の場合は、特製図書カードを差しあげます。

なお、ご記入いただいたお名前、ご住所、ご連絡先等は、書評紹介の事前了解、謝礼のお届け以外の目的で利用することはありません。また、それらの情報を6カ月を超えて保管することもありません。

〒101−8701（お手紙は郵便番号だけで届きます）
祥伝社　書籍出版部　編集長　萩原貞臣
電話03（3265）1084
祥伝社ブックレビュー　http://www.shodensha.co.jp/bookreview/

◎本書の購買動機

＿＿＿＿新聞の広告を見て	＿＿＿＿誌の広告を見て	＿＿＿＿新聞の書評を見て	＿＿＿＿誌の書評を見て	書店で見かけて	知人のすすめで

◎今後、新刊情報等のパソコンメール配信を　　希望する　・　しない

◎Eメールアドレス

@

100字書評

希望のレール

住所

名前

年齢

職業

希望《きぼう》のレール
——若桜《わかさ》鉄道の「地域活性化装置」への挑戦

平成28年9月20日　初版第１刷発行

著　者　山《やま》田《だ》和《かず》昭《あき》

発行者　辻　浩明

発行所　祥《しよう》伝《でん》社《しや》

〒101-8701
東京都千代田区神田神保町3-3
☎03(3265)2081(販売部)
☎03(3265)1084(編集部)
☎03(3265)3622(業務部)

印　刷　萩原印刷

製　本　関川製本

ISBN978-4-396-61576-5 C0034
Printed in Japan
祥伝社のホームページ・http://www.shodensha.co.jp/

祥伝社のベストセラー

あなたの英語勉強法がガラリと変わる
同時通訳者の頭の中
今度こそ、と思っている人必読！　英語を伸ばしたければ、「ふたつの力」を鍛えなさい。
ビジネスの現場で使える英語の学び方　黄金文庫
関谷英里子

TOEIC TEST 3カ月で高得点を出す人の共通点
「3、600人の受験生を指導した結論です。点を出したければ、まず英語嫌いになりなさい！」
知っている人だけが得をする、スコアアップのツボとは？　黄金文庫
中村澄子

もし御社の公用語が英語になったら
――生き残るための21の方法
10年前に「英語公用語」の現場でビジネスリーダーを務めた著者が贈る「グローバリゼーション2・0」時代の作法とは？
森島秀明

祥伝社のベストセラー

人生に悩んだら「日本史」に聞こう
——幸せの種は歴史の中にある

ひすいこたろう＆白駒妃登美

秀吉、龍馬、諭吉……感動的日本人20人。
彼らは「もうダメだ」をどのようにして乗り越えたのか？

黄金文庫

仕事に効く教養としての「世界史」

出口治明

先人に学べ、そして歴史を自分の武器とせよ。日本を知りたければ、
世界の歴史を知ることだ。人類5000年史から現代を読み抜く10の視点とは

ヘンな日本美術史

山口　晃

雪舟、円山応挙、岩佐又兵衛……日本美術には「ヘンなもの」がいっぱいだった！
絵描きの視点だからこそ見えてきた、まったく新しい日本美術史！

祥伝社のベストセラー

人見知り社員がNo.1営業になれた私の方法

繊細な人ほど、「セールス」に魔法がかかります。1万人の営業マンを育て続けてきたコンサルタントが、自らの経験とともに教える「誰でも結果を出せる方法」

長谷川千波

上司を使い倒す50の極意

2万人を面接した人材のプロが贈る「ボス・マネジメントの教科書」決定版！
プレゼン、会議、人事、時間管理……これであなたの仕事が劇的に好転します

田中和彦

ネクタイを毎月3本買う人はなぜスゴイ仕事ができるのか

——カリスマ経営者たちが実践している「自分の見せ方」

超一流の人のマネをしたら、ビジネスが大きくなった！
23年間、「一流の人」と至近距離で仕事してきた結論です。

野呂エイシロウ